COURS COMPLET DE GÉOGRAPHIE
A L'USAGE DES LYCÉES ET DES COLLÈGES

GÉOGRAPHIE GÉNÉRALE
DE
L'EUROPE
ET DU BASSIN DE LA MÉDITERRANÉE

Contenant les matières indiquées par les programmes officiels
du 2 août 1880

POUR LA CLASSE DE SIXIÈME

PAR

E. CORTAMBERT

Président honoraire de la Commission centrale de la Société de Géographie
Bibliothécaire de la Section géographique de la Bibliothèque nationale

NOUVELLE ÉDITION, ILLUSTRÉE DE 42 GRAVURES INTERCALÉES DANS LE TEXTE

PARIS
LIBRAIRIE HACHETTE ET Cie
79, BOULEVARD SAINT-GERMAIN, 79
1880

8° G
1723

GÉOGRAPHIE GÉNÉRALE

DE L'EUROPE

ET DU BASSIN DE LA MÉDITERRANÉE

OUVRAGES CLASSIQUES DE MM. CORTAMBERT

I. — ENSEIGNEMENT GÉNÉRAL DES DEUX SEXES.

Cours de géographie, avec vign. 1 vol. in-12 (pour l'âge de 13 à 18 ans), cart.	» »
Petit Cours de géographie, avec vignettes (de 9 à 13 ans)	1 60
Petit Atlas primaire (de 7 à 9 ans), 15 cartes, in-8	» 30
Petit Atlas géographique du premier âge, avec texte, in-18 (de 7 à 9 ans)	» 80
Éléments de géographie physique, 2 vol. in-12, texte et planches (de 13 à 18 ans)	5 »
Éléments de cosmographie, 2 vol. in-12, texte et planches (de 13 à 18 ans)	5 »
Leçons de géographie, avec questionnaire détaillé, gr. in-8 (de 10 à 16 ans)	6 »
Éléments de géographie ancienne, in-12 (de 13 à 18 ans)	1 »
Petite Géographie illustrée du premier âge, in-18, cart. (de 7 à 12 ans)	» 80
Petite Géographie illustrée de la France, in-18, cart. (de 7 à 12 ans)	» 80
Géographie de la France, pour les aspirantes au certificat d'études. (Voyez au titre II la Géographie de la classe de quatrième et celle de la rhétorique).	
Mœurs et Caractères des peuples (Europe et Afrique), in-8, gravures.	5 »
Mœurs et Caractères des peuples (Asie, Amérique et Océanie), in-8, gravures.	5 »
Voyage pittoresque à travers le monde, in-8, orné de nombreuses illustrations.	5 »
Physiographie, introduction aux sciences géographiques, in-12 (de 13 à 18 ans).	1 »
Le Globe illustré, 1 vol. in-4, avec 16 cartes et 130 vignettes (de 10 à 15 ans).	4 »
Les trois règnes de la nature, in-12, avec nombreuses vignettes (de 12 à 18 ans).	1 50

II. — ENSEIGNEMENT SECONDAIRE DES LYCÉES ET DES COLLÈGES.

Notions préliminaires de géographie : Classe préparatoire, 1 vol. in-12	» 80
Géographie des cinq parties du monde : Classe de huitième, 1 vol.	» 80
Géographie de la France : Classe de septième, 1 vol.	1 20
Géographie de l'Europe : Classe de sixième, 1 vol.	1 50
Géographie gén. de l'Asie, de l'Afrique, de l'Amérique et de l'Océanie : Cl. de cinq.	1 50
Géographie de la France : Classe de quatrième, 1 vol.	1 50
Géographie de l'Europe : Classe de troisième, 1 vol.	2 »
Description de l'Asie, de l'Afrique, de l'Amérique et de l'Océanie : Cl. de seconde.	3 »
Géographie de la France : Classe de rhétorique, 1 vol.	3 »
Resumé de géographie générale : Classe de philosophie, 1 vol.	3 »
Éléments de géographie générale : Classe de mathématiques préparatoires.	1 80
Géographie générale : Classe de mathématiques élémentaires, 1 vol.	5 »
Atlas spéciaux correspondant à chaque volume de l'enseignement secondaire.	

III. — ENSEIGNEMENT SECONDAIRE SPÉCIAL.

Géographie de la France (année préparatoire), 1 vol. in-12.	» 90
Atlas correspondant, grand in-8, 12 cartes	2 50
Géographie des cinq parties du monde (1re année), 1 vol. in-12.	1 50
Atlas correspondant, grand in-8, 37 cartes.	6 »
Géographie agricole, industr. et commerciale de la France (2e année), 1 vol. in-12.	2 »
Atlas correspondant, grand in-8, 22 cartes.	4 »
Géographie commerciale et industrielle des cinq parties du monde (3e et 4e ann.).	3 »
Atlas corresp. : *Nouvel atlas de géographie moderne*, 66 cartes, 1 vol. in-4.	10 »

IV. — ENSEIGNEMENT PRIMAIRE DES DEUX SEXES.

Petit Atlas élémentaire de géographie moderne, 22 cartes coloriées, in-4, br.	» 90
Le même, avec la carte du département demandé	1 15
Le même, accompagné d'un texte explicatif	1 10
Le même, avec texte explicatif et carte du département demandé	1 35
Petite Géographie à l'usage des écoles primaires, in-18, cart., avec gravures.	» 60
Petit Atlas primaire, 15 cartes en couleur, in-8	» 50
Petit Atlas géographique du premier âge, 9 cartes color. avec texte, gr. in-18, cart.	» 80
Petite Géographie générale, grand in-18, br.	» 75
Nouvelle Géographie pour les écoles communales du départem. de la Seine, n° 1, cours élémentaire (Notions générales)	» 50
Nouvelle Géographie pour les écoles communales du départem. de la Seine, n° 2, cours moyen (les Parties du monde, l'Europe et la France).	1 25

V. — ATLAS DIVERS (voyez aussi les titres précédents).

Petit Atlas de géographie ancienne, 16 cartes, grand in-8, cartonné.	2 50
Petit Atlas de géographie du moyen âge, 15 cartes, grand in-8, cart.	2 50
Petit Atlas de géographie moderne, 20 cartes, grand in-8, cart.	2 50
Petit Atlas de géographie ancienne et moderne, 36 cartes, grand in-8, cart.	5 »
Petit Atlas de géographie ancienne, du moyen âge et moderne, 51 cartes.	7 50
Nouvel Atlas de géographie moderne, 66 cartes, 1 vol. in-4, cart.	10 »
Atlas complet de géographie ancienne, du moyen âge et moderne, 98 cartes, in-4, cart.	15 »

PARIS. — IMPRIMERIE E. MARTINET, RUE MIGNON, 2.

COURS COMPLET DE GÉOGRAPHIE
A L'USAGE DES LYCÉES ET DES COLLÈGES

GÉOGRAPHIE GÉNÉRALE

DE

L'EUROPE

ET DU BASSIN DE LA MÉDITERRANÉE

Contenant les matières indiquées par les programmes officiels
du 2 août 1880

POUR LA CLASSE DE SIXIÈME

PAR

E. CORTAMBERT

Président honoraire de la Commission centrale de la Société de Géographie
Bibliothécaire de la Section géographique de la Bibliothèque nationale

NOUVELLE ÉDITION, ILLUSTRÉE DE 22 GRAVURES INTERCALÉES DANS LE TEXTE

PARIS
LIBRAIRIE HACHETTE ET Cie
79, BOULEVARD SAINT-GERMAIN, 79
1880

TABLE DES MATIÈRES

GÉOGRAPHIE PHYSIQUE GÉNÉRALE DE L'EUROPE

SITUATION, CONFIGURATION ET CONTOUR.

Limites, mers, golfes et détroits	1
Presqu'îles, isthmes, îles et caps	3
Étendue de l'Europe	6

RELIEF DU SOL.

Observations générales	6
Alpes	7
Apennins	13
Montagnes de la péninsule des Balkans	16
Monts Carpathes et Sudètes	18
Montagnes du plateau de la Bohême	19
Monts de Franconie, de Thuringe, du Harz, de Hesse et de Souabe	20
Forêt-Noire	21
Jura	21
Vosges et monts Faucilles	22
Plateau de Langres, Côte d'Or, Cévennes, etc.	23
Pyrénées	26
Monts Cantabres, monts Ibériques, Sierra Nevada, etc.	28
Relief de la Russie	29
Monts Dofrines ou Alpes Scandinaves	30
Montagnes des îles Britanniques	31
Montagnes de la Corse, de la Sardaigne, etc.	32
Montagnes d'Islande	33

EAUX INTÉRIEURES.

Ligne de partage des eaux et versants	34
Bassins maritimes et fleuves	34
Lacs, marais et lagunes	39
Climat, productions	44

ÉTATS DE L'EUROPE

(Moins la France)

Îles Britanniques	46
Belgique	51
Pays-Bas	52
Grand-duché de Luxembourg	53
Monarchie Scandinave en Suède et Norvège	54
Danemark	56
Allemagne	58
Empire Austro-Hongrois	64
Suisse	69
Italie	73
Espagne	81
Portugal	85
Grèce	87
Turquie d'Europe	91
Roumanie, Serbie, Bulgarie, Monténégro	96
Russie d'Europe	97
Résumé statistique des divisions de l'Europe	102

BASSIN DE LA MÉDITERRANÉE

Asie sur la Méditerranée (Asie Mineure et Syrie)	103
Afrique sur la Méditerranée (Égypte, Barbarie)	106

COURS COMPLET DE GÉOGRAPHIE
A L'USAGE DES LYCÉES ET DES COLLÈGES

EUROPE

GÉOGRAPHIE PHYSIQUE GÉNÉRALE

SITUATION, CONFIGURATION ET CONTOUR

LIMITES, MERS, GOLFES ET DÉTROITS.

L'Europe, placée dans le N. O. de l'ancien continent, à l'O. de l'Asie et au N. de l'Afrique, est une grande presqu'île, d'une forme très irrégulière et aux côtes profondément découpées, qui s'allonge du N. E. au S. O., en s'amincissant dans cette dernière direction. Elle tient au reste du continent par deux côtés : à l'E., par le territoire des monts Ourals et du fleuve Oural, situé au N. de la mer Caspienne; au S. E., par l'isthme du mont Caucase, entre la mer Caspienne et la mer Noire. Elle s'étend du 35° au 71° degré, si l'on s'arrête au cap Nord ; au 77°, si l'on y comprend la Nouvelle-Zemble ; au 80°, si l'on y renferme le Spitzberg ; entre le 13° degré de longitude O. et le 76° degré de longitude E. Cette partie du monde est comprise presque entièrement dans la zone tempérée boréale; une petite portion seulement appartient à la zone glaciale arctique.

Au N., l'Europe est baignée par l'océan *Glacial arctique*; à l'O., par l'océan *Atlantique*; au S., par la mer *Méditerranée*.

La mer *Caspienne*, au S. E., est une assez grande partie de sa limite.

L'océan Glacial arctique forme la mer de *Kara*, la mer *Blanche* et la mer de *Barents*.

L'océan Atlantique forme la mer *Baltique*, le *Cattégat*,

la mer du *Nord*, la *Manche*, la mer d'*Irlande* et la mer de *France*, appelée aussi golfe de *Gascogne* ou mer de *Biscaye*.

On remarque dans la mer Baltique les golfes de *Botnie*, de *Finlande* et de *Livonie* ou de *Riga*; — dans la mer du Nord, le golfe de *Zuider-zee*. — Au S. O. de la Grande-Bretagne, se trouve le golfe qu'on appelle *Canal de Bristol*.

La mer Méditerranée comprend la mer *Tyrrhénienne*, la mer *Adriatique*, la mer *Ionienne*, l'*Archipel* (anciennement mer *Égée*), la mer de *Marmara* (anciennement *Propontide*), la mer *Noire* (anc. *Pont-Euxin*) et la mer d'*Azov* (anc. *Méotide*).

On distingue, dans la Méditerranée propre, les golfes du *Lion* et de *Gênes*; dans la mer Ionienne, les golfes de *Tarente* et de *Lépante*; dans l'Archipel, le golfe de *Salonique*.

La mer de Kara communique avec la mer de Barents par le détroit de *Vaïgatch* ou d'*Iougor*, par le détroit de *Fer* ou de *Kara* et par celui de *Matotchkin*.

On passe de la mer Baltique au Cattégat par les détroits du *Sund*, du *Grand-Belt* et du *Petit-Belt*, et du Cattégat dans la mer du Nord par le détroit du *Skager-Rak*.

On se rend de la mer du Nord dans la Manche par le *pas de Calais*. — La mer d'Irlande communique avec l'océan Atlantique par le canal du *Nord* et le canal de *Saint-George*.

On entre de l'Atlantique dans la Méditerranée par le détroit de *Gibraltar*. — La mer Tyrrhénienne est unie à la mer Ionienne par le détroit nommé *Phare de Messine*.

On passe de la mer Adriatique dans la mer Ionienne par le canal d'*Otrante*; — de l'Archipel dans la mer de Marmara, par le détroit des *Dardanelles* (anciennement Hellespont); — de la mer de Marmara dans la mer Noire, par le canal de *Constantinople* (anciennement Bosphore de Thrace); — et de la mer Noire dans la mer d'Azov, par le détroit d'*Iénikalé* ou de *Kertch* (anciennement Bosphore Cimmérien).

Les nombreux bras de mer qui s'enfoncent profondément dans les terres sont un des grands avantages de notre partie du monde : en y répandant une température plus égale et plus douce, en invitant les populations à communiquer entre elles par la navigation, par un commerce actif, ils ont puis samment contribué à placer l'Europe à la tête de la civilisation du globe.

PRESQU'ILES, ISTHMES, ILES ET CAPS.

Les côtes de l'Europe sont très irrégulières, et forment beaucoup de presqu'îles.

Au N., on remarque la péninsule *Scandinave* et la péninsule *Cimbrique*, qui s'avancent l'une en face de l'autre, à l'O. de la mer Baltique. La première, qui est la plus grande presqu'île d'Europe, et dont les côtes occidentales sont découpées par d'innombrables *fiords* (étroits golfes), est jointe au continent vers le N. E. par l'isthme de *Laponie*, et la seconde s'y rattache au S. par l'isthme de *Holstein*. Le N. de la péninsule Cimbrique forme la presqu'île de *Jutland*.

A l'extrémité S. O. de l'Europe, est la péninsule *Hispanique*, unie au continent par l'isthme des *Pyrénées*.

Au S., on voit la presqu'île de l'*Italie*, qui a grossièrement la forme d'une botte, et qui se termine par la presqu'île de *Calabre*.

On remarque encore au S. la grande péninsule des *Balkans* ou *Turco-Hellénique*, dont la partie méridionale forme la presqu'île de *Morée* (anciennement *Péloponèse*), unie au continent par l'isthme de *Corinthe*.

Entre la mer d'Azov et la mer Noire, est la presqu'île de *Crimée* (anc. *Chersonèse Taurique*), jointe au continent par l'isthme de *Pérékop*.

— Dans l'océan Glacial, au N. E., on voit la *Nouvelle-Zemble*, c'est-à-dire, en russe, *Nouvelle-Terre*, contrée peu connue, froide et inhabitée, composée de deux îles. — Loin au N. de la Nouvelle-Zemble, on vient de découvrir un archipel glacé qu'on a appelé *Terre de François-Joseph*.

Sur la côte N. O. de la péninsule *Scandinave*, on rencontre les îles *Lofoden*, fort nombreuses et très fréquentées par les pêcheurs.

Loin au N. de la même péninsule, est l'archipel glacé du *Spitzberg*, qu'on rattache presque indifféremment à l'Europe et à l'Amérique. Découvertes au XVIe siècle, ces îles, hérissées de montagnes pointues, de rochers et de glaciers, ne sont pas encore entièrement explorées, malgré les voyages récents de Torell, de Nordenskiœld, etc.

Dans le N. O. de l'Europe, sont les *îles Britanniques*,

Baie de la Madeleine, au Spitzberg.

dont la principale est la *Grande-Bretagne*, l'île la plus considérable de cette partie du monde, et qui s'étend du N. au S. l'espace de 900 kilomètres; là aussi est l'*Irlande* (450 kil. de longueur); seconde île de l'Europe pour l'importance.

Les groupes des *Hébrides*, des *Orcades* et de *Shetland*, au N. de la Grande-Bretagne; les îles de *Man* et d'*Anglesey*, à l'O.; l'île de *Wight*, au S., font aussi partie des îles *Bri-*

tanniques, dont les îles *Anglo-Normandes* (*Jersey*, *Guernesey*, etc.), dans la Manche, sont une dépendance politique, quoiqu'elles soient physiquement françaises.

Loin au N. O., on voit les îles *Fœrœer*, et enfin l'*Islande*, grande île très froide et volcanique, plus voisine de l'Amérique que de l'Europe, et qu'il convient de rattacher aux terres américaines.

Entre le Cattégat et la mer Baltique, se trouvent les îles *Danoises*, dont les principales sont *Seeland* et *Fionie*.

Dans l'intérieur de la Baltique, sont les îles d'*OEland* et de *Gottland*, près de la péninsule Scandinave; les archipels d'*Aland* et d'*Abo*, à l'entrée du golfe de Botnie; l'île de *Dago* et l'île d'*OEsel*, à l'E., et celle de *Rügen*, au S.

Dans la Méditerranée, on remarque, à l'E. de la péninsule Hispanique, les îles *Baléares* (*Majorque*, *Minorque* et *Ivice*), fertiles en bons fruits.

Près de l'Italie, sont les grandes îles de *Sicile*, d'une forme triangulaire; de *Sardaigne* et de *Corse*, qui s'allongent du N. au S.; les îles *Lipari*, groupe volcanique; l'île d'*Elbe*, et celle de *Malte*, placée avantageusement dans la partie la plus centrale de la Méditerranée.

Sur la côte N. E. de la mer Adriatique, est l'archipel *Dalmate-Illyrien*, comprenant les îles *Veglia*, *Cherso*, *Pago*, *Brazza*, *Curzola*, etc.

Près de la péninsule Turco-Hellénique, on remarque beaucoup d'îles, dont les principales sont, à l'O., les îles *Ioniennes* (*Corfou*, *Saint-Maure*, *Théaki* ou *Ithaque*, *Céphalonie*, *Zante*); — à l'E., dans l'Archipel, celle de *Négrepont* ou *Eubée*; — les *Cyclades* (*Naxos*, *Paros*, etc.); — *Lemnos*, *Imbros*, *Samothrace* et *Thasos*; — au S., *Candie* (anciennement *Crète*), la terre la plus méridionale de l'Europe.

Le cap le plus septentrional de l'Europe continentale est le *Nordkyn*, dans la péninsule Scandinave; mais, plus au N., dans une des îles *Lofoden*, on voit le cap *Nord*. Les points extrêmes de la Nouvelle-Zemble, de la Terre de François-Joseph et du Spitzberg, sont beaucoup plus septentrionaux encore.

A l'extrémité S. O. de la Grande-Bretagne, on remarque e cap *Land's End* ou *Finisterre*.

La pointe de *Corsen* termine la France à l'O., et se trouve dans le *Finisterre* français.

A l'extrémité N. O., de la péninsule Hispanique, est un cap qu'on nomme aussi *Finisterre*.

Vers l'extrémité S. O. de la même péninsule, on rencontre le cap *Saint-Vincent*, et, à son extrémité S., la pointe de *Tarifa*, qui est le point le plus méridional de l'Europe continentale.

A l'extrémité S. de la Morée, se trouve le cap *Matapan*.

ÉTENDUE DE L'EUROPE.

La longueur de l'Europe, du N. E. au S. O., depuis l'embouchure de la rivière *Kara* dans la mer de ce nom jusqu'au cap *Saint-Vincent*, est de 5400 kilomètres ; du N. au S., depuis le cap *Nord* jusqu'au cap *Matapan*, on compte 4000 kilomètres. La superficie est d'environ 10 200 000 kilomètres carrés. C'est la moins étendue des parties du monde.

RELIEF DU SOL

Observations générales. De grandes et hautes chaînes de montagnes, des plateaux élevés, des côtes escarpées, se montrent dans le midi de l'Europe ; tandis que les parties septentrionales s'étendent en vastes plaines, qui se prolongent sous des mers peu profondes, comme la Baltique et la mer du Nord. Les plaines se continuent dans l'est, en Pologne et en Russie, et s'abaissent surtout vers la mer Caspienne, où elles sont de 25 à 30 mètres au-dessous de l'Océan. Avec cette région, le sol le plus déprimé de l'Europe est celui des Pays-Bas, qui, souvent au-dessous de la mer du Nord, n'est garanti contre les inondations de cette mer que par les digues que leur opposent les hommes et par les dunes qu'a élevées la nature. Il y a encore de grandes plaines très basses au N. O. de la mer Adriatique, en Vénétie et en Lombardie.

Il faut remarquer, en outre, que, dans les chaînes de montagnes dont le sud est couvert si généralement, les flancs méridionaux sont bien plus abrupts et plus courts que ceux du nord, terminés ordinairement par des pentes douces, par des rameaux qui s'allongent vers les plaines en collines progressivement insensibles : les versants du sud sont, en même temps, dénudés et ravinés ; ceux du nord, boisés, cultivés et peu ravagés par les eaux.

L'Europe n'a plus de volcans actifs que dans le sud. Le *Vésuve*, sur la côte occidentale de la péninsule d'Italie ; — l'*Etna*, en Sicile ; — le *Stromboli*, dans une des îles Lipari, ont de fréquentes éruptions.

L'Archipel est le foyer de mouvements volcaniques remarquables : souvent, et tout récemment encore, près de *Santorin*, des îlots s'y sont soulevés par l'effet de feux souterrains. En général, toute la région méditerranéenne est le centre d'une action puissante de la chaleur intérieure du sol, et les tremblements de terre y sont fréquents.

Les volcans éteints sont nombreux dans plusieurs parties de l'Europe (dans la France centrale, dans l'O. de l'Allemagne, etc.).

De toutes les montagnes d'Europe, les **Alpes**[1] sont les plus importantes ; elles sont comme le noyau de cette contrée, dans la partie centro-méridionale de laquelle elles s'étendent, en formant un arc immense, dont la convexité est tournée vers le nord. La chaîne principale est accompagnée de nombreuses branches, dont chacune a encore d'innombrables rameaux. Cette chaîne, dans sa situation générale, enveloppe au N. l'Italie et le bassin de la mer Adriatique. Elle commence dans le N. O. de l'Italie, au col d'Altare ou de Cadibone, où se terminent les Apennins ; se dirige d'abord au N. O., puis au N., sur la frontière de l'Italie et de la France, jusqu'au mont Blanc ; ensuite à l'E., jusqu'au pic des Trois-Seigneurs, se trouvant tantôt entre l'Italie et la Suisse, tantôt dans la Suisse même, tantôt dans l'empire Austro-Hongrois ; enfin elle va au S. E. à travers cet empire et la Turquie, jusqu'au Tchar-

[1]. Voyez dans l'Atlas les cartes de détail : Suisse, France, Italie, Allemagne, Autriche-Hongrie, Turquie. La distribution des diverses parties des Alpes est spécialement indiquée sur la carte physique de l'Allemagne.

dagh. Son développement, du col d'Altare au Tchar-dagh, est de 1800 kil. La latitude moyenne est au 46º degré.

On appelle *Alpes Occidentales* la partie de la chaîne qui est renfermée entre le col d'Altare et le mont Blanc; — *Alpes Centrales*, la partie qui s'étend du mont Blanc au pic des Trois-Seigneurs ; — *Alpes Orientales*, la partie comprise entre ce dernier pic et le Tchar-dagh.

Le Saint-Gothard et le groupe d'Adula, qui en est une

Hospice du Saint-Bernard.

dépendance, sont le point le plus central et le nœud le plus remarquable des Alpes. C'est de là que se détachent le plus de branches, et que les eaux se rendent dans les directions les plus diverses : à l'O., dans la Méditerranée proprement dite, par le Rhône; au S., dans l'Adriatique, par le Tessin; au N., dans la mer du Nord, par le Rhin, la Reuss et l'Aar; à l'E., dans la mer Noire, par l'Inn (qui ne naît pas, il est vrai, dans ce groupe même, mais à très peu de distance).

Sur une assez grande étendue, les Alpes font partie de l'arête européenne du partage des eaux entre le versant de l'Océan et celui de la Méditerranée.

Les grands cours d'eau qui descendent de ces montagnes sont : sur le versant océanique, le Rhin, l'Aar ; — sur le versant méditerranéen, le Rhône, le Pô, l'Adige et de grands affluents de droite du Danube : l'Isar, l'Inn, la Drave, la Save.

Le glacier du mont Rosa.

De nombreux et beaux lacs sont formés au pied des Alpes : lac de Genève, dans le cours du Rhône ; lac de Constance, dans le cours du Rhin ; lacs Majeur, de Lugano, de Côme, de Garde, dans le bassin du Pô.

Le plus haut sommet des *Alpes* est le mont Blanc (4810 mètres) ; le second est le mont Rosa (4736 mètres). Les points dominants ensuite sont : le Finster-Aarhorn (4360 mètres), le Mœnch (4200 mètres), la Jungfrau (4070 mètres), le pic des Écrins (4103 mètres), le Cervin (4000 mètres), l'Ortles (4000 mètres), le Grand-Pelvoux (3938 mètres), le Gross-Glockner (3890 mètres).

Des cols célèbres par le passage des armées ou par les routes commerciales qu'on y a établies coupent les Alpes sur un grand nombre de points. Voyons d'abord ceux de la chaîne principale :

Après le col d'Altare ou de Cadibone, qui sépare cette chaîne des Apennins, on remarque, en commençant par le S., en Italie, le col de *Tende* ; — entre la France et l'Italie, le col d'*Argentière* ou de la *Madeleine*, le col d'*Agnello*, le col du mont *Genèvre*, le col de *Fréjus*, près du tunnel du chemin de fer qui réunit la France à l'Italie ; le col du mont *Cenis*, où Napoléon Ier fit faire une belle route qui a été longtemps la principale communication entre la France et l'Italie, mais qui est aujourd'hui délaissée depuis l'établissement de la voie ferrée ; le col du *Petit-Saint-Bernard* ; — entre la Suisse et la France, le col de *Balme* et celui de la *Tête-Noire* ; — dans l'intérieur de la Suisse, le col de la *Furca*, le col du *Grimsel* ; le col de la *Gemmi* et le col du *Brunig* ; — entre la Suisse et l'Italie ou près de la frontière de ces pays, le col du *Grand-Saint-Bernard*, célèbre par son hospice et par le passage de l'armée française sous Bonaparte, en 1800 ; le col de *Saint-Théodule*, près du mont Rosa ; le col du *Simplon*, fameux par une belle route construite sous le gouvernement français et où on a le projet de faire passer un chemin de fer ; le col du *Saint-Gothard*, où l'on vient de percer un tunnel de chemin de fer ; le col du *Bernardino* ; le col du *Splugen* ; le col de la *Maloïa* ; — entre l'Autriche-Hongrie et l'Italie ou près de leurs frontières, le col du *Stelvio* (en allemand *Stilfs*) ; le col du *Brenner*, où passe un chemin de fer ;

le col de *Tarvis*; — dans l'intérieur de l'Autriche-Hongrie, le col de *Neumarkt*, le col du *Semering*, passage de chemin de fer.

Les Alpes sont célèbres par la variété de leurs sites et par leurs paysages pittoresques et grandioses.

Les masses de neige et de glace et les hauts rochers qui les surmontent présentent les formes les plus imposantes; d'in-

Le Cervin.

nombrables ruisseaux s'élancent de leur sein en écumant ou en formant des cascades. Mille autres curieux accidents de la nature y attirent les voyageurs; mais souvent aussi de grands dangers les y menacent: ce sont tantôt de profonds précipices, tantôt des éboulements qui changent subitement une contrée riante en un chaos où sont ensevelis pêle-mêle les hommes, les troupeaux et les habitations; quelquefois ce sont des débordements furieux de torrents, dont le lit a été tout à coup interrompu par des matières tombées du haut des montagnes; souvent enfin des avalanches, formées par les monceaux de neige qui se détachent des hauteurs et se précipitent au fond des vallées avec une impétuosité et un bruit effroyables.

Pour se garantir de ce redoutable fléau, on a construit beaucoup de voûtes maçonnées, et l'on a pratiqué dans le roc un grand nombre de cavités, où l'on peut se réfugier si l'on voit descendre une avalanche.

La chaleur du soleil, en été, fait fondre la surface des amas de neige qui couvrent les cimes les plus élevées, et cette neige fondue se transforme en glace : c'est ce qui produit les glaciers.

Ceux-ci se fendent quelquefois avec un craquement qui se fait entendre au loin; la partie supérieure, pesant sur les masses inférieures, les pousse et les force à descendre; cette descente, qui amène les glaciers jusque dans des vallées tempérées et fertiles, est de 4 à 8 mètres par an.

Les principaux glaciers des Alpes sont ceux d'Aletsch, du Rhône, de Grindelwald, du mont Rosa, du mont Blanc (Mer de glace, glacier du Géant, glacier des Bois).

Il y a, sur les flancs des Alpes, d'excellents pâturages, où paissent d'innombrables troupeaux de belles vaches, de bœufs, de moutons et de chèvres.

La faune est très variée : elle offre la belette, la fouine, le putois, le furet, l'écureuil, le lynx; des espèces très nombreuses de gibier; le lièvre blanc, le hamster, qui donne une jolie fourrure; différentes martres, assez belles; la marmotte; des sangliers et des ours. Le chamois, qui devient chaque jour plus rare, est l'objet des recherches des chasseurs intrépides et des attaques du grand vautour des Alpes ou gypaëte, que les Suisses appellent *læmmergeyer* (vautour des agneaux). Les corbeaux sont nombreux.

Le climat offre des variations infinies : un hiver perpétuel règne au sommet des Alpes; mais on y jouit, dans les vallées, surtout celles qui sont exposées au midi, de la température la plus douce; et l'on y cultive le tabac, les figues, les amandes, les châtaignes, les olives, la vigne. Il pleut beaucoup dans ces montagnes : il y tombe annuellement, terme moyen, 2 mètres d'eau.

On peut diviser les Alpes en sept régions, sous le rapport de la végétation. La plus basse, ou celle des vignes, commence dans les vallées, au bord des rivières et des lacs, et finit à 560 mètres au-dessus du niveau de la mer. Plus haut, la région des chênes s'élève jusqu'à 935 mètres; au-dessus de ces arbres, commence la région des hêtres, qui règne encore à 1350 mètres; celle des sapins lui succède et s'étend jusqu'à 1835 mètres. Là commence la région alpine inférieure : les arbres y font place aux plus riches pâturages; elle s'élève à 350 mètres au-dessus; elle est dominée par la région alpine supérieure, qui s'élève à 560 mètres plus haut et qui a aussi des pâturages; elle conserve pendant toute l'année des amas de neige dans les places abritées du soleil. Enfin, au-dessus de celle-ci, la région des glaciers et des neiges éternelles commence à 2600, 2700, 2800 et même 2900 mètres, suivant les expositions ou la latitude. Ces deux dernières zones ne sont point tout à fait dépourvues de végétation : on y voit des saxifrages, des gentianes et d'autres plantes de climats hyperboréens.

Il s'y trouve des métaux de toute espèce : le fer, le plomb, le cuivre, le zinc, le cobalt, le bismuth, l'arsenic, l'antimoine. Le cristal de roche y est commun; le soufre s'y rencontre souvent, et quelques cours d'eau, comme le Rhin, l'Aar, charrient de l'or.

Il y a beaucoup de sources minérales.

Les **Apennins** [1] sont comme la suite des Alpes. Ils commencent au col d'Altare, courent d'abord à l'E. en traçant un demi-cercle autour du golfe de Gênes, sur lequel ils ont des pentes abruptes, tandis que les pentes du nord sont longues et douces; ils parcourent l'Italie centrale et méridionale, dans une direction générale du N. O. au S. E., et s'étendent jusqu'à l'extrémité de la Calabre, sur le Phare de Messine, au cap dell'Armi, en face de la Sicile, dont la chaîne principale est, pour ainsi dire, la continuation de la chaîne apennine.

Ces monts sont compris entre le 38e et le 45e degré de latitude N. Ils forment le dos de la péninsule Italique, et sépa-

---

1. Voyez dans l'Atlas la carte de l'Italie.

rent le versant de l'Adriatique et de la mer Ionienne de celui de la Méditerranée proprement dite et de la mer Tyrrhénienne. Ils enveloppent au S. les vastes et fertiles plaines du Pô (dans le Piémont, la Lombardie, le Parmesan, le Modenais et la Romagne), et bordent à l'O. celles des Marches, de la Pouille; à l'E. celles de la côte de Toscane et de la Campagne

L'Etna.

de Rome. La longueur de la chaîne, en général très sinueuse, est de 1600 kilomètres.

Les Apennins sont moins élevés et moins majestueux que les Alpes et envoient beaucoup moins de branches.

C'est au milieu de la péninsule que les Apennins occupent le plus de largeur; ils y forment le grand plateau des Abruzzes, au centre duquel est le bassin de l'ancien lac Fucino, desséché depuis peu de temps. Là aussi se rencontrent les plus hauts points de la chaîne : le mont *Corno* ou *Gran-Sasso d'Italia* (2992 mètres), le mont *Amaro* (2853 mètres), le pic de *Sevo* (2547 mètres), le mont *Velino* (2505 mètres), le mont *Meta* (2260 mètres). Un peu plus au N., sont les monts de la *Sibylle* (2500 mètres). Le mont *Voltore*, volcan éteint, dans la partie méridionale, doit encore être cité.

Les cours d'eau principaux qui descendent de ces montagnes sont : sur le versant oriental, des affluents de la rive droite du Pô, ainsi que de petits tributaires de la mer Adriatique et de la mer Ionienne, et, sur le versant occidental, l'Arno, le Tibre, le Vulturne, tributaires de la Méditerranée proprement dite et de la mer Tyrrhénienne.

De nombreux passages se trouvent dans les Apennins, et d'importantes routes les traversent. La chaîne est longée, en suivant le golfe de Gênes, par le défilé de la *Corniche*, dont une belle route et un chemin de fer parcourent l'étendue considérable. Elle est coupée par le col de la *Bocchetta*, le col de *Pontremoli*, le col de *Pietramala* ou de la *Futa*, près duquel passe un chemin de fer; le col de *Fiorito*, autre passage de chemin de fer. Le fameux défilé des *Fourches Caudines* (aujourd'hui *Forchia Caudina*) est dans un rameau occidental des Apennins.

Il se trouve, dans ces montagnes, surtout au N. O., des marbres magnifiques : ceux de Carrare, de la Bocchetta, de Florence, de Prato, de Sienne, de Porto-Venere, etc. Il y a aussi beaucoup de gypse, accompagné souvent de grands bancs de soufre. L'alun se rencontre sur le territoire Romain; le granite compose une partie des Apennins de la Calabre; des roches volcaniques s'offrent sur plusieurs points : au Voltore, dans le voisinage de Naples, sur le territoire Romain.

Le *Vésuve*, seul volcan actif aujourd'hui de l'Italie continentale, n'appartient pas aux Apennins mêmes et forme une masse isolée, de 1198 mètres d'altitude, sur la côte occidentale de la presqu'île. D'autres montagnes du même pays lancent des vapeurs sulfureuses qui dénotent leur origine volcanique : telle est la *Solfatare*, près de Pouzzoles. Non loin de là s'est soulevé subitement, en 1558, le *Monte Nuovo*. Il y a dans le Modenais et la Toscane plusieurs collines connues sous le nom de *Salses*, qui projettent des vapeurs aqueuses, du gaz hydrogène.

Dans les îles voisines de l'Italie, à l'O. et au S., l'action des feux intérieurs est manifeste. L'*Etna* est un volcan redoutable de la Sicile, et c'est le plus haut de l'Europe (3237 mètres). Le *Maccaluba*, dans la même île, a des éruptions boueuses. Le volcan de *Stromboli*, dans les îles Lipari, projette fréquemment des flammes et des laves; l'île de Vulcano, dans le même groupe, dégage des vapeurs sulfureuses. Les îles d'Ischia, de Procida, de Ponce, sont couvertes de débris volcaniques. L'île de Julia s'est soulevée du sein de la mer, vis-à-vis de Sciacca, en 1831; mais elle a disparu peu après.

Les Apennins n'atteignent pas les neiges éternelles. Sur les hauts sommets mêmes du plateau des Abruzzes, la neige fond au mois de juin. Mais ces sommets sont nus, décharnés et tristes; il n'y a pas de prairies dans les vallons qui descendent sur les flancs des parties supérieures de la chaîne : ils ressemblent à de grands ravins dont l'aspect est âpre et sauvage. Les pins, et, un peu plus bas, les hêtres et les chênes, sont les arbres qui s'avancent aux altitudes les plus considérables. Dans les parties basses apparaissent les vignes, les oliviers, les noyers, les cyprès, les arbousiers, les lauriers; enfin les orangers, les citronniers, et, dans les régions les plus méridionales, les caroubiers, les palmiers.

Au *Tchar-dagh*, où s'arrêtent les Alpes Orientales, au centre de la péninsule Turco-Hellénique, commencent deux chaînes, dont l'une se dirige à l'E. et l'autre au S.[1] Ces chaînes et leurs ramifications nombreuses s'étalent souvent en larges plateaux, dont le plus remarquable occupe le milieu même de la péninsule; elles s'abaissent quelquefois en terrasses, et sont coupées de ravins et de crevasses.

La première de ces masses montagneuses sépare longtemps les tributaires de la mer Noire (Danube et ses affluents) de ceux de l'Archipel et de la mer de Marmara (bassins du Vardar et de la Maritza), et forme les **Balkans**, dont la partie principale est le *Grand Balkan* (anciennement *Hæmus*). Elle se dirige de l'O. à l'E., en bordant au S. les grandes plaines du Danube inférieur, et se termine sur la mer Noire par le cap

---

1. Voyez dans l'Atlas les cartes de la Turquie et de la Grèce.

Eminch. — Aux Balkans se rattache, au S., le *Despoto-dagh*, l'ancien mont *Rhodope*. — Une autre ramification aboutit au mont *Athos* ou *Monte Santo*, célèbre par ses nombreux couvents grecs. — Au versant N. du Grand Balkan se rattachent le *Petit Balkan*, dans l'E. de la Bulgarie, et le *Balkan* de *Serbie*, qui s'avance jusqu'au Danube, en face des *Alpes de Transylvanie*, et qui forme, avec celles-ci, au passage de ce fleuve, le fameux défilé des *Portes de Fer*.

La chaîne du S. de la péninsule s'élève entre le bassin de l'Archipel et ceux de la mer Adriatique et de la mer Ionienne. On lui donne le nom général de **chaîne Hellénique**; elle passe par l'isthme de Corinthe, et se termine, par trois branches, aux caps Malio, Matapan et Gallo. Les principales parties de cette chaîne sont le *Pinde*, jadis consacré aux Muses; le *Guiona*, haut de 2435 mètres, point culminant de la Grèce; le *Vardoussia*, le *Parnasse*, l'*Hélicon*, le *Cithéron*, souvent cités par les anciens poètes. — En Morée, on remarque les montagnes du *Magne* ou de *Pentédactylon* (l'ancien mont *Taygète*), dans la partie de la chaîne qui se termine au cap Matapan.

Parmi les ramifications de la chaîne Hellénique, on distingue : à l'E., le mont *Olympe*, considéré par les anciens poètes comme le séjour des dieux; le mont *Ossa*, le mont *Pélion*, souvent nommés aussi dans les chants poétiques des Grecs; l'*Œta* ou *Saromata*, qui forme, avec le golfe de Zeïtoun, le fameux défilé des *Thermopyles*; les montagnes de l'*Attique*, auxquelles appartiennent le mont *Hymette*, célèbre par son excellent miel; — à l'O., les monts de la *Chimère* ou *Acrocérauniens;* le *Ziria* ou *Cyllène*, dans le N. de la Morée; le mont *Lycée*, dans le S. O. de cette presqu'île.

Dans la partie centrale de la péninsule des Balkans, est le mont *Rilo* (à peu près 3000 m.), vers le point où le Despoto-dagh se sépare du Grand Balkan. — L'Olympe, la plus haute des montagnes de la partie méridionale, a aussi environ 3000 m.

Les plus hauts sommets des montagnes Turco-Grecques atteignent presque la limite des neiges éternelles; ils sont sans neige quelques jours de l'année seulement.

Sur le versant N. des Balkans, le climat est froid, et les hivers sont rudes. Au S., la température est chaude dans les vallées, où croissent de nombreux et excellents pruniers, les orangers, les grenadiers, les figuiers, les oliviers, la vigne, le maïs, le riz, le blé, le sorgho, le lin, le ricin, le cotonnier, le melon, les pastèques, le tabac, les mûriers propres aux vers à soie; les rosiers, cultivés pour la fabrication de l'eau et de l'huile de rose. Le chêne abonde sur les montagnes de la péninsule; la vallonée et la noix de galle sont deux productions importantes qui en proviennent. Les bois de construction sont admirables.

Parmi les défilés nombreux qui coupent les Balkans, nous remarquons surtout la Porte de Trajan et le Démir-Kapou. Les routes qui traversent ces montagnes sont généralement mal tracées, mal entretenues, bordées d'âpres rochers, de ravins et de lieux déserts.

De tous les défilés qui se rattachent à la chaîne Hellénique, le plus célèbre est celui des Thermopyles, entre le mont OEta et les marais de l'Hellada (Sperkhios), en face de l'île de Négrepont.

Les monts **Carpathes** ou **Krapacks**[1] forment, dans le centre de l'Europe, un vaste arc de cercle dont la convexité est tournée au N. E., et ils appartiennent entièrement à l'empire Austro-Hongrois ou à ses limites; ils enveloppent particulièrement la Hongrie et la Transylvanie. Dans une assez grande étendue, ils font partie de la ligne générale de partage des eaux européennes.

Leur partie méridionale s'appelle spécialement **Alpes de Transylvanie**; elle commence à la Porte de Fer, sur la rive gauche du Danube, et marque la limite entre la Roumanie, d'une part, et la Hongrie et la Transylvanie, de l'autre.

Les plus hauts sommets des Carpathes se trouvent dans le Tatra, en Hongrie : les monts *Gerlsdorf* et *Lomnitz*, qui ont de 2700 à 2750 mètres, sont les pics culminants. Les monts *Negoi* et *Bucsecs*, dans les Alpes de Transylvanie, sont presque aussi élevés.

Parmi le grand nombre de cols qui donnent passage à des routes à travers la chaîne carpathienne, un des plus célèbres

---

1. Pour ces montagnes et les suivantes, voyez dans l'Atlas les cartes de l'Allemagne et de l'Autriche-Hongrie.

est le défilé de la *Tour rouge*, où passe la grande route commerciale et militaire entre la Transylvanie et la Valachie.

Les Carpathes sont généralement couvertes de forêts, où les sapins et les pins dominent ; ces derniers se montrent jusqu'à 1200 et 1400 mètres. Il y a aussi de beaux pâturages, et beaucoup de richesses minérales : l'or, l'argent, le fer, le cuivre, le plomb, le sel gemme. Les loups et les ours sont communs dans ces montagnes.

Aux pieds de la chaîne s'étendent les plaines de la Hongrie, divisées en deux parties : la haute plaine au N., la basse plaine au S., et parcourues par le Danube et ses nombreux affluents : le Gran, la Theiss, etc. A l'O. de ces plaines, s'élève un groupe isolé de montagnes, le *Bakony*.

Aux Carpathes se joignent les monts **Sudètes**, qui se dirigent du S. E. au N. O. ; ils séparent la Moravie de la Silésie autrichienne, et s'avancent dans la Silésie prussienne. Ils font partie de la grande arête européenne du partage des eaux. Leur principal sommet est l'*Altvater* (le Vieux Père), de 1458 mètres.

Quatre chaînes de montagnes qui entourent le plateau de la Bohème font suite, à l'O., aux Sudètes ; ce sont :

1° Les monts des **Géants (Riesen-Gebirge)**, qui courent au N. O., entre les bassins de l'Oder et de l'Elbe, sur la frontière de la Prusse et de la Bohème ; leur point culminant est le Schneekoppe (1630 mètres).

2° Les monts **Moraves (Mæhrisches-Gebirge)**, très peu élevés, courant du N. E. au S. O., entre la Bohème et la Moravie, et appartenant à la grande arête européenne.

3° Les monts de la **Forêt de Bohème (Bœhmer-Wald)**, faisant partie aussi de l'arête européenne, et dirigés du S. E. au N. O., entre la Bohème et la Bavière. Ils ont des pentes douces du côté de la première, et des escarpements vers l dernière. En général, ils sont abrupts, coupés de gorges, de crevasses et de marais, couverts de forêts dans leur plus grande étendue, et n'offrent que des communications difficiles. Leur plus haut sommet est le mont *Arber* (1475 m.).

4° L'**Erz-Gebirge (montagnes des Mines)**, dirigé du S. O. au N. E., entre la Bohème et le royaume de Saxe, et s'avançant jusqu'au défilé de Schandau, que franchit l'Elbe. Il est riche en mines, surtout du côté de la Saxe, où l'on exploite beaucoup d'argent, d'étain, de cobalt, de fer. Du côté de la Bohême, ces montagnes ont des sources minérales célèbres : celles de Franzesbad, de Carlsbad, de Sedlitz, de Pullna, de Tœplitz. Le *Keilberg* (1250 mètres) est le plus haut sommet de l'Erz-Gebirge.

Un amas assez confus et formé de chaînes et de groupes entre-croisés, d'une hauteur médiocre, occupe le centre de l'Allemagne. Le **Fichtel-Gebirge** (**montagnes des Pins**) en est le noyau principal, formant un massif granitique de 1000 mètres d'altitude, dans le N. de la Bavière, entre le bassin de l'Elbe et celui du Danube, par conséquent sur le grand partage des eaux européen. Il renferme des mines de fer et de cuivre.

Les monts de la **Forêt de Franconie** (**Franken-Wald**) se détachent, au N., du Fichtel-Gebirge ; puis viennent les monts de la **Forêt de Thuringe** (**Thüringer-Wald**), qui couvrent de leurs petits massifs pittoresques et boisés les riches duchés de Saxe ; par des collines qui en sont la suite, on arrive au groupe du **Harz**, qui s'élève assez brusquement dans les pays de Hanovre et de Brunswick, et qui a pour point culminant le Brocken, célèbre par les effets météorologiques dont on jouit de son sommet (le *Spectre du Brocken*). Ce groupe possède d'importantes mines de fer, de plomb, d'argent, de cuivre et de zinc, et l'art du mineur y est porté à un remarquable point de perfection. L'Allemagne n'offre plus, au N. de ces montagnes, que de vastes et très basses plaines.

Le **Rhœn**, le **Spessard**, le **Vogelsberg**, le **Taunus**, le **Westerwald**, le **Winterberg**, le **Teutoburger-Wald** (**Forêt Teutoburgienne**), sont des hauteurs médiocrement élevées, qui se montrent à l'O. du Thüringer-Wald, généralement dans les pays de Hesse, et forment de petits groupes entre le bassin du Weser et celui du Rhin, tantôt basaltiques et abrupts, tantôt agréablement boisés. Les sources minérales abondent dans cette partie de l'Allemagne : eaux de Kissingen, Nauheim, Hombourg, Ems, Nieder-Selters (Seltz), etc.

Enfin, du Fichtel-Gebirge encore se détache, au S. O., le **Jura Franconien** (**Franken Jura**), espèce de plateau, suivi du **Jura de Souabe**, qu'on appelle aussi **Rauhe Alp** (**Alpes Rudes**) ou **Alpes de Souabe**. Ces deux massifs appartiennent à la grande arête européenne.

Les montagnes de la **Forêt-Noire** (**Schwarz-Wald**), ainsi nommées de leurs sombres forêts de sapins et de pins, ont aussi d'autres arbres ; dans leurs parties inférieures, elles sont revêtues comme d'un magnifique verger d'arbres fruitiers, au milieu desquels domine le merisier, dont le fruit distillé donne le kirschwasser. Les habitants de ces montagnes emploient avec intelligence leurs bois à la confection de pendules, de boîtes à musique, etc.

La Forêt-Noire couvre une partie considérable du grand-duché de Bade, et forme aussi la limite de cet État du côté du Würtemberg. La partie méridionale appartient à l'arête européenne, entre le Rhin et le Danube, qui y prend sa source ; le N. est tout entier dans le bassin du Rhin, dont la Forêt-Noire longe à droite la magnifique plaine.

Le point le plus haut de ces montagnes est le Feldberg (1550 mètres); le passage le plus fameux est le Val d'Enfer (*Hœllenthal Pass*), sur la route de Fribourg en Brisgau à Donaueschingen et Schaffhouse. Des chemins de fer franchissent la chaîne ailleurs.

Les sources minérales de Bade, de Wildbad et quelques autres attirent beaucoup d'étrangers dans ces montagnes. De nombreux petits lacs et marais entrecoupent certaines parties.

Le **Jura**[1] est une remarquable chaîne calcaire, qui se dirige du N. E. au S. O., et se compose de plusieurs massifs parallèles et très réguliers. Sa partie septentrionale est en Suisse, sa partie moyenne est sur la limite de la Suisse et de la France, et sa partie méridionale est entièrement en France. Dans ses deux premières divisions, il sépare le bassin du Rhin de celui du Rhône ; mais, dans le sud, il se trouve complètement dans le bassin du Rhône, et s'avance entre ce fleuve et l'Ain, son affluent, à côté des basses plaines de la Bresse. Les

---

1. Voyez dans l'Atlas les cartes de la France et de la Suisse.

plus hautes sommités du Jura sont le *Crêt de la Neige* (1723 m.), le *Reculet* (1720 m.), le *Colomby* (1691 m.), le *Grand Crédo* (1624 m.), le *Grand-Colombier* (1584 m.), tous en France. Sur la frontière est la *Dôle*, de 1680 m. A la Suisse seule appartiennent le mont *Tendre*, la *Dent de Vaulion*, le *Chasseron*, le mont *Terrible*.

Le col de la *Faucille*, traversé par la route de Saint-Claude à Gex, est le principal défilé du Jura. On remarque aussi le col du *Val Travers* (dans le canton de Neuchâtel), où passe le chemin de fer de Pontarlier à Neuchâtel.

De belles forêts de sapins couvrent une grande partie du Jura ; il s'y trouve de bons pâturages, avec des vaches laitières excellentes, et le fromage dit de Gruyères est un des produits importants de ces montagnes. Il y a des mines de fer et des sources salines (à Salins, à Lons-le-Saunier). Plusieurs lacs se trouvent au pied de ces montagnes : lacs de Genève, de Neuchâtel, de Joux, des Rousses et de St-Point.

Les **Vosges**[1], séparées du Jura par le col de Valdoye, s'étendent du S. au N. ; elles commencent à peu près à la source de la Moselle, séparent cette rivière du Rhin, et s'avancent jusqu'en Allemagne. Elles sont généralement arrondies ; voilà pourquoi plusieurs de leurs sommets ont reçu le nom de *Ballons*. Les plus élevés sont le *Ballon de Guebwiller* (1429 mètres), dans la partie de l'Alsace cédée à l'Allemagne ; le *Ballon d'Alsace* (1250 mètres), situé à l'extrémité sud de la chaîne, sur la frontière de la France et sur la limite des bassins de la Moselle, de l'Ill (affluent du Rhin) et de la Saône, par conséquent sur la grande arête européenne ; le *Donon*, au point le plus septentrional des Vosges de la frontière ; le mont *Tonnerre* (*Donnersberg*), en Allemagne.

La partie la plus septentrionale des Vosges est désignée sous le nom de *Hardt*.

Le versant oriental de la chaîne est plus abrupt que le versant occidental. De belles forêts de sapins, de merisiers, de chênes, de hêtres, couvrent les Vosges, qui possèdent aussi

---

1. Voyez dans l'Atlas les cartes de la France, de la Belgique et de l'Allemagne, pour ces montagnes et les suivantes.

d'excellents pâturages, particulièrement dans la région élevée qu'on appelle les *Chaumes d'Alsace*. Une foule de rivières et de ruisseaux en descendent, et l'irrigation est parfaitement entendue sur les flancs de ces montagnes. De beaux grès, du porphyre, de la syénite et autres bonnes pierres y sont exploités. Les eaux minérales y sont abondantes : eaux de Bussang, de Soultz, de Niederbronn, etc. Il y a de grands bancs de sel gemme dans la partie occidentale (à Dieuze, à Vic). Les trois lacs de *Gérardmer*, dans le bassin de la Moselle, se trouvent sur le versant O. des Vosges.

Les monts **Faucilles**, très peu élevés, se rattachent aux Vosges, se dirigent de l'E. à l'O., entre la Moselle et la Saône, et contribuent au grand partage des eaux. Beaucoup de sources minérales les avoisinent : eaux de Plombières, de Contrexéville, de Luxeuil, de Bains, de Bourbonne, etc.

Au N. des monts Faucilles sont les montagnes de l'**Argonne** et les **Ardennes**; celles-ci sont d'abord en France et en Belgique, où elles s'étalent en plateaux coupés de vallées abruptes. Elles passent ensuite en Allemagne, où elles s'éparpillent à la gauche du Rhin en divers rameaux, dont le plus remarquable est l'**Eifel**, pittoresque massif volcanique.

Ces montagnes sont très peu élevées, mais elles ne manquent pas d'un certain aspect imposant, surtout dans les Ardennes et dans l'Eifel. Des escarpements curieux, des grottes intéressantes, des forêts considérables, les distinguent; il y a d'importantes carrières d'ardoises, des marbres, des bancs de houille. Leurs pâturages nourrissent de bonnes espèces de moutons et de chevaux.

Le plateau de **Langres** [1], partie de la grande arête européenne, fait la suite S. O. des monts Faucilles, et les unit à la **Côte d'Or**, qui renferme les sources de la Seine et sépare ce fleuve du bassin de la Saône. Cette chaîne doit son nom aux riches vignobles qui en tapissent les pentes orientales inférieures. Ses sommets sont rocheux et nus. Des bois s'étendent sur ses revers occidentaux. Le *Bois Janson*, les monts

---

1. Voyez dans l'Atlas les cartes de la France.

Tasselot, de *Bligny*, de *Malain* (de 5 à 600 mètres) sont les points culminants.

Elle s'arrête au S. à la dépression où passe le canal du Centre. Là commence la longue chaîne des **Cévennes**, qui a un développement de 500 kilomètres, et se termine au col de Naurouze, que franchit le canal du Midi.

Les Cévennes prennent du N. au S. les noms particuliers de montagnes du *Charollais*, du *Beaujolais*, du *Lyonnais*, du *Vivarais*, du *Gévaudan* (ou *Cévennes proprement dites*), de monts *Garrigues*, de monts de l'*Espinouse*, de montagne *Noire*. Les plateaux des *Causses* et du *Larzac* se rattachent à leur versant occidental.

Leurs parties les plus hautes sont les montagnes du *Vivarais* et du *Gévaudan*, qui s'élèvent entre le bassin du Rhône et les sources de la Loire, de l'Allier et du Tarn. Les points culminants sont le *Mézenc* (1774 m.), la *Lozère* (1702 m.), le *Gerbier de Jonc* (1562 m.), l'*Aigonal* (1567 m.) Le mont *Pilat*, le point principal des montagnes du Lyonnais, a 1434 m.

Les Cévennes ont beaucoup de bois et de pâturages. Les châtaigniers y forment des forêts. On vante les bœufs du Mézenc et du Charollais, qu'on élève ou sur ces montagnes ou dans les plaines situées à leur base. Des vignobles renommés couvrent leur pied oriental, du côté de la Saône et du Rhône. Des masses basaltiques s'y présentent en plusieurs endroits (au Mézenc, au Gerbier de Jonc, etc.).

On y exploite de riches mines de houille, dans l'Autunois, le Lyonnais, le Gard. On y rencontre les eaux minérales de Saint-Galmier, de Vals, de Neyrac, de Bagnols, etc.

Les monts d'**Auvergne** se joignent aux Cévennes par la chaîne de la **Margeride** et occupent le centre de la France, où ils couronnent un plateau assez étendu qu'on désigne sous le nom de **plateau central de la France**. Ce sont les plus hautes montagnes de l'intérieur de notre pays. Presque toutes de nature volcanique, terminées à leur sommet par des cratères encore évidents, mais éteints, elles sont alignées du S. au N. On désigne généralement leurs sommets sous le nom de *Puys*. Les principaux sont : le mont *Dore*, dont le point culminant est le *Puy de Sancy* (1888 mètres) ; le

Plomb du Cantal (1858 m.); le *Puy de Dôme* (1473 m.), qui est dans un rameau un peu écarté de l'arête principale des montagnes d'Auvergne, et avancé entre l'Allier et la Sioule, son affluent : ce rameau est désigné sous le nom de monts *Dômes* ou des *Puys*. Le *Puy de Pariou*, situé près du Puy de Dôme, offre un des cratères les mieux caractérisés. — Les monts d'*Aubrac*, riches en excellents pâturages, sont un autre rameau qui se rattache à la Margeride, au S. O. de laquelle ils se trouvent.

Les mines de plomb et de fer, les carrières de basalte, sont, avec les bestiaux, une des richesses des monts d'Auvergne. On vante les eaux minérales de ces montagnes ou de leur voisinage : eaux du mont Dore, de la Bourboule, de Royat, de Chaudesaignes, de Vichy, de Néris, de Bourbon-l'Archambault.

Les monts du **Limousin** forment la continuation occidentale des monts d'Auvergne. Ils sont beaucoup moins élevés : le mont *Besson* (984 mètres) en est le point culminant. Les pâturages, où l'on élève de bonnes races de chevaux et de bœufs, les châtaigniers, les carrières de kaolin, sont parmi les principales richesses de ces montagnes.

Les monts du **Velay**, du **Forez** et de la **Madeleine** forment une chaîne d'origine volcanique qui se détache des Cévennes vers la source de la Loire et se dirige au N. Leur altitude atteint 1634 mètres, au mont de *Pierre sur Haute*. De curieux escarpements basaltiques y fixent l'attention du voyageur.

Les monts du **Morvan** se séparent de la Côte d'Or, et s'élèvent dans l'O. de la Bourgogne et l'E. du Nivernais. Ils sont peu élevés (1000 mètres), couverts de bois, riches en mines de fer, et nourrissent d'excellents bœufs. Ils marquent la ligne de partage des eaux entre le versant de la Manche et celui de la mer de France (ou golfe de Gascogne). La suite de cette ligne n'est formée que par des collines ou des plateaux (collines du *Nivernais*, plateaux de la *Forêt d'Orléans* et de la *Beauce*, collines du *Perche* et de la *Basse-Normandie*), jusqu'à la **chaîne Armoricaine**, élevée de 350 mètres, et comprenant, au bout de la Bretagne, les montagnes d'*Arez*, avec le rameau des montagnes *Noires*.

Les **Pyrénées**[1] courent de l'E. S. E. à l'O. N. O., entre la France et l'Espagne, en laissant cependant à l'Espagne, au N. de leur crête, la vallée d'Aran, et à la France, au S. de cette même crête, la vallée supérieure de la Sègre. Elles s'étendent depuis le cap Cerbère et le cap de Creus, sur la Méditerranée, jusqu'au col de Belate, au S. de la Bidassoa, où commencent les monts Cantabres. Elles offrent une longueur de 450 kilomètres, et forment, dans presque toute leur étendue, la limite entre le versant de l'Atlantique et le versant de la Méditerranée; elles envoient au premier la Garonne, l'Adour; et au second un grand nombre d'affluents de l'Èbre.

La portion la plus avancée des Pyrénées à l'E. se nomme monts *Albères*.

Les plus remarquables des branches qu'elles envoient vers la France sont, en commençant par l'O., les montagnes de la *Basse-Navarre*; les montagnes du *Bigorre*, continuées par les collines de l'*Armagnac*; puis les monts du *Plantaurel* et du *Mirepoix*, à l'E. desquels se trouvent les *Corbières*, entre les bassins de la Tet et de l'Aude. Le *Canigou* est une branche courte, mais très élevée (2785 mètres).

Ce n'est pas sur la ligne même du partage des eaux que sont les plus hauts sommets des Pyrénées, mais un peu au sud de cette ligne. Les trois sommets les plus élevés, tous en Espagne, sont le mont *Maladetta* ou *Maudit* (ayant pour point culminant le pic de *Nethou*, haut de 3482 mètres), le pic *Posets* (3367 mètres), et le mont *Perdu* (3351 mètres). — On remarque ensuite, sur le territoire français, le *pic du Midi de Pau* ou *d'Ossau* (2885 mètres), le *pic du Midi de Bagnères* ou *de Bigorre* (2877 mètres), le *pic de Campbieil* (3175 mètres), le *Turon de Néouvieille* (3056 mètres), le *pic de Carlitte* (2921 mètres); — et, sur la frontière, le *Marboré* (3253 mètres), le *mont Vignemale* (3298 mètres).

Les Pyrénées sont généralement plus escarpées du côté de l'Espagne que du côté de la France. Elles offrent des pics coniques, moins élancés que les sommets des Alpes. A leur

---

1. Voyez dans l'Atlas les cartes de la France et de l'Espagne.

pied s'étendent de magnifiques vallées, comme celles de Campan, d'Argelès, d'Aure, etc. Elles abondent en points de vue pittoresques, et sont riches en eaux minérales (les deux Bagnères, Barèges, Saint-Sauveur, Cauterets, Eaux-Bonnes, Amélie-les-Bains, etc.), en marbres magnifiques (de Cam-

La Maladetta.

pan, de Sarrancolin), en mines de fer, de cuivre, de plomb; et plusieurs rivières qui en descendent, entre autres l'Ariège et le Salat, roulent des paillettes d'or. Le chêne y monte jusqu'à 1600 mètres; le hêtre, jusqu'à 1800; le sapin et l'if, jusqu'à 2000; le pin, un peu au delà de 2300. Les neiges éternelles commencent à 2900 et 3000 mètres.

Les cols ou passages des Pyrénées portent généralement

le nom de *ports*. Les principaux sont, en commençant par l'ouest: celui de *Belate* (en Espagne), point où les Pyrénées se joignent aux monts Cantabres, celui de *Saint-Jean Pied-de-Port*, qui se continue par ceux d'*Ibagnetta* et de *Roncevaux*, celui de *Confranc* ou d'*Urdos*, celui de *Cauterets* ou de la *Peyre*; le port de *Gavarnie*; la *Brèche de Roland* (vers le Marboré); le port d'*Oo* (3000 mètres), le port de *Vénasque*; le port de *la Perche*, le port de *Perthus*.

La péninsule Hispanique[1] est généralement fort montagneuse; de longues chaînes (en espagnol *sierras*, en portugais *serras*), hautes et escarpées, la parcourent en tous sens.

D'abord, au N., se montrent les monts **Cantabres**, qui sont comme la continuation occidentale des Pyrénées, et qui courent de l'E. à l'O., depuis le col de Belate jusqu'au cap Finisterre, en longeant la côte méridionale de la mer de Biscaye (mer de France). Ils portent, dans une grande partie, le nom des monts des *Asturies* et de monts de *Galice*, et ont pour points culminants les *Peñas de Europa* (2678 mètres).

Les mines de fer et de houille y sont importantes.

Les monts **Ibériques** se rattachent aux monts Cantabres vers les sources de l'Èbre, et courent du N. au S., en formant la limite des deux grands versants européens. Ils prennent, au N., les noms particuliers de *Sierra de Oca* et de *Sierra de Moncayo*; au S., ceux de *Sierra de Albarracin* et de *Sierra de Cuenca*. Le Moncayo est la partie la plus élevée (2725 mètres). Le col le plus célèbre est celui de Pancorbo.

Ils s'abaissent au S., et font place à un plateau qui continue le partage général des eaux, et qui se joint à la **Sierra Nevada**, la plus haute chaîne de la péninsule; celle-ci se dirige de l'E. N. E. à l'O. S. O.; des hauteurs moins importantes qui le suivent se terminent au promontoire de Gibraltar. Le pic de Mulahacen (3554 m.) est le point culminant de la Nevada. Des vallées chaudes et magnifiques s'étendent au pied de ces montagnes couvertes de neige; la vigne, l'oli-

---

1. Voyez dans l'Atlas la carte d'Espagne et de Portugal.

vier, le figuier, le grenadier, l'oranger, le citronnier, la canne à sucre, y donnent d'excellents produits. On y trouve de riches mines de cuivre et de plomb.

Les autres chaînes hispaniques courent toutes de l'E. à l'O. Ce sont : 1° Les monts qui comprennent la *Sierra de Guadarrama*, avec le fameux défilé de Somo Sierra, théâtre d'une victoire de Napoléon en 1808 ; la *Sierra de Gredos* (2660 mètres) ; la *Sierra de Gata*; la *Serra da Estrella*, la plus haute chaîne du Portugal (2300 mètres) : cette chaîne va se terminer au cap da Roca. — 2° Les monts qui prennent les noms de monts de *Tolède*, de *Sierra de Guadalupe*, de *Serra de San-Mamede*, de *Serra de Monchique*, et se terminent au cap Saint-Vincent. — 3° La *Sierra Morena* (montagne noire), qui s'appelle ainsi à cause des feuillages sombres des arbres qui y croissent. Les célèbres mines de mercure d'Almaden s'exploitent à côté de cette chaîne à l'aspect triste et sauvage.

Le territoire compris entre la Sierra Morena et les monts Cantabres constitue le *plateau de la Castille*, ou le *plateau central de l'Espagne*, élevé généralement de 700 mètres au-dessus de la mer, beaucoup plus froid que la latitude ne le fait d'abord supposer, nu et aride sur plusieurs points, à cause surtout de la destruction des forêts, mais très fertile en blé dans d'autres parties. Les immenses troupeaux de mérinos transhumants (c'est-à-dire passant d'un pays à un autre), produit d'ailleurs précieux pour l'Espagne, ont contribué à la dévastation des cultures de ce plateau.

Dans la partie orientale de l'Europe, le **relief de la Russie**[1] n'offre, sur une grande étendue, qu'un vaste plateau très peu élevé, très fertile, et surmonté seulement de petits groupes de hauteurs, dont les plus remarquables sont les monts *Valdaï* (230 m.), sur la ligne de partage des deux versants, aux sources du Volga. Citons aussi les monts *Olonetz* et *Maanselka*, entre la mer Blanche et la Baltique, les collines *Ouvalli* et les plateaux de *Perm-Vologda*, sur l'arête européenne, les monts *Timan* qui vont au N. jusqu'à l'océan Glacial.

1. Voyez dans l'Atlas la carte de la Russie.

Le S. E. de la Russie, dans le bassin de la Caspienne, est une plaine déprimée de plusieurs mètres au-dessous de l'Océan ; mais, sur les frontières de l'Europe, il y a des montagnes considérables. Au S. E., entre la mer Noire et la mer Caspienne, s'étend, de l'O. N. O. à l'E. S E., le mont **Caucase**, qui a un développement de 1100 kilomètres, et qui surpasse en hauteur toutes les montagnes européennes. L'*Elbrouz*, son point culminant, a 5600 mètres ; le *Kazbek*, le second, a 5100 mètres. La crête de cette énorme chaîne offre des escarpements majestueux, des glaciers, des neiges éternelles ; mais des vallées agréables s'ouvrent à sa base, surtout vers le sud, du côté de la Géorgie. Sur le versant N., se trouve la Circassie, célèbre par la beauté de ses populations. On appelle la race blanche *race caucasique*, parce que ses types les plus parfaits se retrouvent dans ces montagnes.

Le Kouban, tributaire de la mer Noire, le Térek, tributaire de la mer Caspienne, coulent sur le flanc septentrional ou européen. Parmi les passages importants qui coupent le Caucase, on distingue le défilé de *Dariel* (anciennes *Portes Caucasiennes*), sur la route de Mozdok à Tiflis ; le défilé de *Derbent* (anciennes *Portes Albaniennes*), resserré entre les croupes orientales de la chaîne et la Caspienne.

Les monts **Ourals** (ou simplement l'**Oural**), entre la mer Caspienne et l'océan Glacial, sont beaucoup moins élevés que le Caucase, mais plus étendus ; ils occupent, du S. au N., une longueur de 2000 kilomètres ; leur altitude atteint seulement de 1600 à 2800 mètres. Ils sont très riches en mines d'or, de platine, de cuivre et de sel. Il y a de grandes forêts de pins et de sapins. Le fleuve Oural en descend au S., pour se jeter dans la mer Caspienne. Dans leur plus grande partie, ils sont entre les bassins du Volga et de l'Obi, et contribuent par conséquent à séparer les deux grands versants.

Les monts Dofrines ou **Alpes Scandinaves**[1], généralement dirigés du N. E. au S. O., prennent naissance en

---

[1] Voyez dans l'Atlas, pour ces montagnes et les suivantes, les cartes des diverses contrées où elles sont placées.

Russie, dans la presqu'île de Kola, au N. O. de la mer Blanche, pénètrent dans la péninsule Scandinave, entre le golfe de Botnie et celui de Varanger, et forment, sur une grande étendue, du N. au S., la limite entre la Suède et la Norvège ; parvenus à peu près vers le milieu de la Scandinavie, il tournent au S. O., parcourent la Norvège et se terminent au cap Lindesnæs. Il séparent les versants de la mer Baltique et du Cattégat de celui de l'Océan.

La partie des Dofrines qui sépare la Suède de la Norvège porte le nom de *Kiælen*. — La branche S. O., qui couvre l'intérieur de la Norvège, s'appelle d'abord *Dovre-field* (d'où vient le nom de Dofrines), puis *Lang-field*, *Sogne-field*. Cette branche est la partie la plus haute de toutes les Alpes scandinaves, et presque partout elle est couverte de neiges et de glaciers. Elle n'est pas une chaîne proprement dite, mais une succession de plateaux et de groupes irréguliers, coupés par des fentes abruptes ; on y remarque surtout les monts *Ymes*, *HorUngerne* et *Skagstælstind*, dans le Lang-field, et le mont *Snehœttan* (c'est-à-dire *Bonnet de neige*), dans le Dovrefield : ces sommets atteignent environ 2600 mètres au-dessus de la mer.

Parmi les glaciers, on remarque celui de *Justedal*.

Des cascades admirables (Riukan-Foss et autres) descendent de ces montagnes ; des vallées pittoresques, des lacs limpides, sont encaissés entre leurs pentes rapides ; et, dans leurs flancs occidentaux, beaucoup plus escarpés que les versants orientaux, pénètrent, sur les côtes de Norvège, des *fiords* nombreux, golfes étroits et profonds qui ressemblent à de magnifiques estuaires de fleuves.

Les monts Dofrines sont riches en mines de fer, de cuivre, d'argent ; ils sont revêtus, sur de grands espaces, de forêts de sapins, de pins et de bouleaux ; mais, dans leur partie septentrionale, il n'y a plus d'arbres ; les mousses, les lichens les myrtilles et d'autres petites plantes herbacées s'y montrent seuls.

Nous avons vu toutes les montagnes du continent ; examinons maintenant celles des îles européennes.

Dans la **Grande-Bretagne**, les montagnes principales se

trouvent en Écosse : ce sont les monts *Grampiens*, traversant toute la largeur de l'île, du N. E. au S. O., du cap Kinnaird à la presqu'île de Cantyre. Quoique d'une hauteur médiocre, ces montagnes ont un aspect assez imposant et très pittoresque. Des rochers fantastiques, de beaux lacs, des cascades, y attirent les voyageurs. Leurs points culminants sont le *Ben-Nevis* et le *Ben-Macdhui*, d'environ 1400 mètres d'altitude.

Les monts *Cheviot* s'étendent, de l'E. à l'O., sur la frontière de l'Écosse et de l'Angleterre ; ils n'ont que 1000 mètres.

Dans le nord de l'Angleterre, courent du N. au S. les monts *Moorlands* ou la chaîne *Pennine*, d'où se détache, à l'O., le groupe des monts *Cumbriens;* c'est dans ces derniers qu'est le mont le plus haut de l'intérieur de l'Angleterre, le *Scaw-Fell*, d'environ 1000 mètres d'altitude.

Les montagnes du *Pic*, peu élevées, mais connues des touristes par leurs *merveilles* naturelles, occupent à peu près le milieu de la Grande-Bretagne.

Les monts *Cambriens*, ou du *pays de Galles*, couvrent, du N. au S., une grande partie de ce pays. Le *Snowdon* (1120 mètres) en est le point le plus élevé.

Il n'y a pas, en **Irlande**, de grandes chaînes de montagnes. Cette île est comme un vaste plateau, surmonté çà et là de mamelons et de groupes peu étendus. Les parties les plus montueuses du pays sont vers le S. O.; le point le plus élevé est le mont *Carn-Tual*, d'une altitude de 1037 mètres.

La **Corse** est traversée du N. au S. par une chaîne de hautes montagnes, dont les points principaux sont le *monte Cinto* (2707 mètres), le *monte Rotondo* (2635 mètres), le *monte d'Oro* (2391 mètres), le *monte Grosso* (1860 mètres).

Ces montagnes sont hérissées de rochers taillés à pic; leurs flancs sont revêtus d'épaisses forêts de chênes, de sapins, de pins magnifiques et de grands buis.

Les vallées qui s'étendent à leur pied sont belles et fertiles, et le climat est favorable à la vigne, aux orangers, aux citronniers, aux oliviers, à la garance, aux mûriers; mais la culture est fort négligée. Il y a beaucoup de mines de

Les Geisirs.

métaux, et des carrières de beaux marbres, de superbe diorite et d'amiante ou asbeste.

Les montagnes de la **Sardaigne** ne forment pas une crête régulière comme celles de la Corse, mais elles sont éparses sur une sorte de grand plateau qui compose l'île. Plusieurs sont d'origine volcanique. On y distingue, comme point culminant, le *Gennargentu* (1860 mètres), vers le centre.

Les montagnes principales de la **Sicile**, après le volcan de l'*Etna*, qui domine la partie orientale de l'île de son énorme et haute masse (3237 mètres), sont les monts *Neptuniens*, qui courent de l'E. à l'O., depuis le Phare de Messine jusqu'au cap Boeo, en longeant la côte septentrionale. Le mont *Madonia* (1960 mètres) est le point le plus élevé.

L'île de **Candie** (ancienne île de *Crète*) est parcourue de l'E. à l'O. par une chaîne de montagnes, dont le point dominant est le *Psilority* (ancien *Ida*), d'une altitude de 2500 mètres.

Le calcaire y est la roche la plus commune; il s'y trouve un grand nombre de grottes et de cavernes, et il est probable que le fameux labyrinthe de Crète n'était qu'une caverne à compartiments multipliés, que les hommes avaient appropriée à servir d'asile contre l'ennemi.

L'**Islande**, cette île boréale et froide, qui est plutôt une terre américaine qu'une dépendance physique de l'Europe, est hérissée de montagnes et de plateaux volcaniques, parmi lesquels on distingue le mont *Hekla*, au S.; le *Vatna-Iœkull*, sorte de large plateau, le *Snæfels* et l'*Œræfa-Iœkull*, à l'E.; un autre *Snæfels*, à l'O. Le plus haut de tous est l'*Œræfa-Iœkull* (environ 2000 mètres). — Les flammes, la fumée et les laves brûlantes de ces monts contrastent avec les neiges et les glaces dont ils sont constamment couverts. Il y a beaucoup de lacs dans les vallées qui les avoisinent, et l'on y voit jaillir de nombreuses sources chaudes; les plus fameuses sont, au S. O., les *Geisirs*, qui s'élancent en magnifiques jets intermittents.

EAUX INTÉRIEURES

LIGNE DE PARTAGE DES EAUX. — VERSANTS.

L'Europe est divisée en deux versants : celui du N. et du N. O., incliné vers l'océan Glacial et l'océan Atlantique ; et celui du S. et du S. E., incliné vers la Méditerranée et la mer Caspienne. L'arête ou ligne de partage des eaux qui sépare ces deux versants s'étend du N. E. au S. O., des frontières de l'Asie au détroit de Gibraltar, et elle passe par les monts *Ourals*, les collines *Ouvalli* et les plateaux de *Perm-Vologda*, le *Valdaï*, les *Carpathes*, les *Sudètes*, les monts *Moraves*, les monts de la *Forêt de Bohème*, les montagnes des *Pins* (*Fichtel-Gebirge*), le *Jura de Franconie*, le *Jura de Souabe*, la *Forêt-Noire*, les *Alpes Algaviennes*, *du Vorarlberg* et *des Grisons*, les *Alpes Rhétiques*, les *Alpes Lépontiennes*, les *Alpes Bernoises*, le *Jura*, les *Vosges méridionales*, les monts *Faucilles*, la *Côte d'Or*, les *Cévennes*, les *Pyrénées*, les monts *Cantabres*, les monts *Ibériques* et la *Sierra Nevada*.

BASSINS MARITIMES ET FLEUVES QU'ILS COMPRENNENT.

Le versant du N. et du N. O. comprend les principaux bassins suivants : 1° bassin de l'*océan Glacial* proprement dit ; 2° bassin de la *mer Blanche* ; 3° bassin de la *mer Baltique* ; 4° bassin du *Cattégat* ; 5° bassin de la *mer du Nord* ; 6° bassin de la *Manche* ; 7° bassin de la *mer d'Irlande* ; 8° bassin de la *mer de France* ou du *golfe de Gascogne* ; 9° bassin de l'*Atlantique* proprement dit.

La *Petchora* est le seul fleuve important qui se jette immédiatement dans l'océan Glacial. — La *Dvina septentrionale* et l'*Onéga* tombent dans la mer Blanche. Ces fleuves sont pris par les glaces une grande partie de l'année, et ne servent à la navigation que pendant l'été. Cours de 1100 à 1200 kil.

La mer Baltique reçoit, au N. et au N. O., par le golfe de Botnie, le *Torneå*, le *Luleå* et le *Dal-elf* ; — à l'E., par le golfe de Finlande, la *Néva*, fleuve court, mais large, qui sert d'écoulement au lac Ladoga ; — par le golfe de Riga ou de Livonie, la *Dvina méridionale*. — Au S., trois fleuves, qui coulent du S. au N., offrent à leurs embouchures des amas d'eau qui sont moitié lacs, moitié golfes, et qu'on appelle *haffs* : le *Niémen* se jette dans le Curische-Haff ; la *Vistule*, dans le Frische-Haff et aussi dans le golfe de Dantzig ; l'*Oder*, dans le Pommersche-Haff. La Vistule, la plus longue, a 1100 kil.

Les principaux tributaires de la mer du Nord sont : l'*Elbe*, grossie de la *Mulde*, de la *Saale*, du *Havel* (qui reçoit la *Sprée*) ; — le *Weser* ; — le *Rhin* (1500 kil.), fleuve rapide, qui descend des Alpes, reçoit à droite le *Main*, à gauche la *Moselle*, et se divise en plusieurs branches, dont plusieurs vont dans le Zuider-zee, et une seule, le *Vieux-Rhin*, directement dans l'Océan ; — la *Meuse*, qui reçoit quelques branches du Rhin, entre autres, le *Waal*, et a trois bouches considérables à travers les îles de la Hollande ; — l'*Escaut*, peu long, mais qui a deux larges emb. entre les îles de la Zélande. — Tous ces fleuves coulent du S. au N. — La *Tamise* (en angl. *Thames*), l'*Humber* et le *Forth*, dans la Gr.-Bretagne, coulent de l'O. à l'E., et se jettent aussi dans la mer du Nord.

La *Seine*, qui vient de la Côte d'Or et se dirige du S. E. au N. O., est le seul fleuve considérable qui se jette dans la Manche. Elle se grossit de la *Marne* et de l'*Yonne*, et a 780 k.

Dans la mer de France, se rendent, en coulant du S. E. au N. O., la *Loire* et la *Garonne* ; celle-ci vient des Pyrénées, et prend le nom de *Gironde* après avoir reçu son principal affluent, la *Dordogne*. La Loire, la plus longue, a 1100 kil.

La *Clyde* et la *Mersey*, qui sont peu longues, mais fort larges, se jettent dans la mer d'Irlande.

La *Saverne* (en anglais *Severn*) débouche dans le canal de Bristol.

L'Atlantique reçoit immédiatement le *Shannon*, fleuve d'Irlande, le plus long des îles Britanniques (350 k.), et dirigé du N. au S. ; — il reçoit aussi directement le *Minho*, le *Douro*, le *Tage*, la *Guadiana*, le *Guadalquivir*, qui coulent de l'E. à l'O. dans la péninsule Hispanique. Le Tage a 1100 k.

Le versant du S. et du S. E. comprend à son tour les principaux bassins suivants : 1° bassin de la *Méditerranée* proprement dite ; 2° bassin de la *mer Tyrrhénienne* ; 3° bassin de la *mer Ionienne* ; 4° bassin de l'*Adriatique* ; 5° bassin de l'*Archipel* ; 6° bassin de la *mer Noire* et de la *mer d'Azov* réunies ; 7° bassin de la *Caspienne*.

Un seul fleuve remarquable de la péninsule Hispanique se rend immédiatement dans la Méditerranée : c'est l'*Èbre*, qui coule de l'O. à l'E. et a un petit delta ; son cours est de 650 k.

Dans le golfe du Lion va se jeter le *Rhône*, fleuve rapide, qui descend des Alpes et coule d'abord à l'O., jusqu'à Lyon, puis au S., et a plusieurs embouchures qui forment le delta de la Camargue et qui sont obstruées par des alluvions abondantes. Il reçoit une grande et importante rivière, la *Saône*, et a un cours de 800 k.

Sur la côte occidentale de l'Italie, débouchent l'*Arno* et le *Tibre*, peu considérables, mais qui arrosent des lieux célèbres dans l'histoire (Florence, Rome). Ils viennent des monts Apennins, coulent généralement vers l'O., et se jettent dans la Méditerranée proprement dite et dans la mer Tyrrhénienne.

Les principaux tributaires de l'Adriatique sont le *Pô* et l'*Adige*, qui ont leurs sources dans les Alpes et coulent dans le N. de l'Italie, généralement de l'O. à l'E. Le premier produit des alluvions considérables et a plusieurs embouchures. Son cours est de 600 k. — De la péninsule des Balkans l'Adriatique reçoit le *Drin*, qui coule de l'E à l'O.

La *Maritza* (anc. *Hèbre*) va du N. au S. dans l'Archipel.

La mer Noire reçoit, par trois embouchures, le *Danube*, qui sort de la Forêt-Noire, et qui a 2800 kilomètres de cours, de l'O. à l'E., à travers le cœur de l'Europe ; ses plus grands affluents sont l'*Inn*, la *Drave*, la *Save*, à droite, et la *Theiss*, à gauche. — Cette mer reçoit encore le *Dniestr* et le *Dniepr*, (1500 k.) qui vont du N. au S.

Le *Don*, dirigé aussi du N. au S., se jette dans la mer d'Azov ; il a 1400 k. ; un de ses affluents, le *Manytch*, communique naturellement par un autre courant avec la Caspienne.

La *Kouban*, se divisant en deux branches, se jette à la fois dans la mer Noire et dans la mer d'Azov.

La mer Caspienne reçoit le *Volga*, le plus grand fleuve d'Europe (3500 kilomètres), qui vient des monts Valdaï et se dirige du N. O. au S. E. ; ses plus grands affluents sont l'*Oka* (grossie de la *Moskva*) et la *Kama*. — Cette mer reçoit aussi l'*Oural* ou *Iaïk* (3000 kil.), qui descend des monts Ourals et coule du N. au S. sur les frontières de l'Europe et de l'Asie.

Parmi tous ces fleuves, ceux qui présentent le plus d'activité commerciale ne sont pas les plus étendus. Les fleuves de la Grande-Bretagne n'ont pas un très-long cours, mais ils offrent de larges embouchures, c'est-à-dire des *estuaires*, et ont la navigation la plus active : la *Tamise*, surtout, qui baigne Londres, est le cours d'eau du monde où circulent le plus de navires. On a joint entre eux, par de nombreux canaux, tous les fleuves de cette île florissante.

Sur le continent, les fleuves les plus importants, ceux qu'on peut considérer comme les plus grandes artères de l'Europe sont : à l'O., le *Rhin*, qui vivifie la Suisse septentrionale, l'Allemagne occidentale et les Pays-Bas ; — au centre et au S. E., le *Danube*, dont le cours, longtemps navigable, circule très-utilement à travers l'Allemagne, l'empire Austro-Hongrois, les Principautés Slaves et Roumaines, et baigne Vienne, Buda-Pest, etc. ; — à l'E., le *Volga*, qui ne coule qu'en Russie, mais qui offre à ce pays des ressources infinies par les riches alluvions que déposent ses débordements périodiques, par la multitude de ses poissons et par la navigation très-animée dont il est le théâtre.

Il faut ensuite remarquer la navigation très-active du cours inférieur de certains fleuves beaucoup moins étendus que les trois précédents, mais dont les larges embouchures sont avantageusement disposées pour favoriser le commerce maritime.

On doit citer particulièrement la *Seine*, qui baigne Paris, Rouen, le Havre ; la *Loire* (Orléans, Nantes) ; la *Garonne-Gironde* (Toulouse, Bordeaux) ; l'*Elbe* (Hambourg) ; le *Weser* (Brême) ; l'*Oder* (Stettin) ; la *Meuse* (Rotterdam) ; l'*Escaut* (Anvers) ; la *Néva* (Saint-Pétersbourg) ; le *Tage* (Lisbonne).

LACS, MARAIS ET LAGUNES.

C'est autour de la Baltique que l'Europe a le plus de lacs. Les plus grands versent leurs eaux dans le golfe de Finlande : le *Ladoga*, le plus considérable de tous (200 kilomètres de long, 130 kilomètres de large), s'y écoule par la Néva; l'*Onéga*, le second des lacs européens (200 kilom. sur 80), et les lacs *Saïma* et *Ilmen*, sont tributaires du Ladoga ; le lac *Peïpous* s'écoule dans le même golfe par la Narova et a aussi un écoulement vers le golfe de Livonie.

D'innombrables lacs sont répandus dans la Finlande : le plus étendu est le *Pœjjœne*.

Dans la péninsule Scandinave, se trouvent également de nombreux lacs, dont les principaux sont : le joli lac *Mœlar*, qui touche la mer Baltique et qui baigne la capitale de la Suède, Stockholm ; — le lac *Vetter*, qui s'écoule dans la même mer ; — le lac *Vener*, le plus grand de la péninsule, communiquant avec le Cattégat par la rivière Gœtha et avec le lac précédent par un large canal de navigation.

Dans le N. de l'Allemagne, le voisinage des côtes de la Baltique offre les espèces de lacs appelés *haffs* dont nous avons déjà parlé, et le lac *Müritz*, qui s'écoule dans l'Elbe.

L'Écosse (nord de la Grande-Bretagne) a beaucoup de lacs (*lochs*), la plupart renommés par leur joli aspect : le plus remarquable est le *Loch-Lomond*, qui s'écoule dans la Clyde.

L'Irlande a aussi une quantité de lacs (que, dans l'ancien langage irlandais, on appelle *loughs*); on remarque les charmants lacs de *Killarney*, le double lac *Erne*, le lac *Neagh*, et les lacs assez nombreux que forme le *Shannon*.

Le lac de *Constance* ou *Boden-see* est formé par le Rhin, et dans ce fleuve se rendent les eaux des lacs, un peu moins considérables, de *Zürich*, de *Lucerne* et de *Neuchâtel*. Ce sont d'agréables masses d'eau, toutes en Suisse.

Le lac de *Genève*, ou lac *Léman*, un des plus beaux de l'Europe, est produit par le Rhône, au pied des Alpes, entre la France et la Suisse.

Le Pô reçoit les eaux des lacs *Majeur*, de *Côme* et de *Garde* situés aussi au pied des Alpes et célèbres par leurs aspects pittoresques.

Le lac de *Pérouse* (ancien *Trasimène*), au milieu de l'Italie ; les lacs de *Scutari*, d'*Okhrida* et de *Presba*, dans la péninsule Turco-Hellénique, sont encore de beaux lacs.

Mais le *Balaton* ou *Platten-see*, au centre de l'Europe, dans les plaines de la Hongrie, est un lac marécageux et triste, qui s'écoule dans le Danube.

Dans la même région de l'Europe, se trouve le lac de *Neusiedl*, qui s'est desséché peu à peu pendant quelques années, mais qui a repris récemment ses eaux.

On vient de dessécher un grand lac du centre de l'Italie, le lac *Fucino*, au milieu d'un plateau des Apennins : on l'a fait écouler dans le Garigliano, tributaire de la mer Tyrrhénienne. Désormais on ne redoutera plus ses funestes débordements, et l'on profitera des cultures d'un vaste et fertile terrain qu'il a laissé à sec.

C'est ainsi qu'on a desséché, il y a plusieurs années, au grand avantage de l'agriculture, le lac de *Harlem*, près du Zuider-zee, en Hollande.

Un travail du même genre vient d'être entrepris pour le lac de *Grand-Lieu*, au S. de l'embouchure de la Loire.

Les plus grands marais d'Europe sont ceux de *Pinsk*, dans la Russie occidentale. Les côtes du nord de l'Allemagne et une grande partie des Pays-Bas sont pleines de marais : on remarque surtout dans cette dernière contrée les marais de *Bourtange* et de *Peel*.

L'Irlande est occupée, sur de vastes espaces, par des *bogs* ou fondrières, qui cachent, sous l'apparence d'une agréable prairie, les dangereux abimes d'une fange très profonde.

Les côtes S. O. et mérid. de la France sont bordées de lagunes ou *étangs*, masses d'eau salée qui sont des restes de la mer : étangs de *Carcans*, de *Thau*, de *Valcarès*, de *Berre*, etc.

Le lac d'*Albufera*, sur la côte orientale de l'Espagne, est une espèce de lagune.

L'Italie a, sur sa côte orientale, les lagunes de *Venise* et les marais très-malsains de *Comacchio* ; sur la côte occidentale, les trop fameux marais *Pontins* et les tristes *Maremmes* de Toscane.

La péninsule des Balkans renferme, à l'E., le lac marécageux de *Raselm*, près et au S. de l'embouchure du Danube; — un autre lac marécageux, le lac *Topolias* (anciennement *Copaïs*), se trouve près de la côte orientale de la Grèce.

CLIMAT, PRODUCTIONS.

Climat. — L'Europe est froide vers ses extrémités boréales, quoiqu'elle le soit moins que l'Asie et l'Amérique à la même latitude; dans le midi, le climat est chaud, mais non brûlant, comme dans quelques parties de l'Asie ou de l'Afrique. En général, la température y est douce et agréable, surtout dans les régions occidentales, qui reçoivent l'heureuse influence des vents de l'océan Atlantique et celle du courant du Golfe (*Gulf-stream*). L'Europe, enfin, a l'avantage d'être limitée au S. par une vaste mer qui adoucit beaucoup le climat.

Les *lignes isothermes*, c'est-à-dire d'égale température, pour les pays placés approximativement au niveau de la mer, ne suivent pas, en Europe, à beaucoup près, les cercles parallèles à l'équateur : la ligne de 0° passe au cap Nord, ainsi que dans le N. de l'Islande, et descend en Russie au S. de la mer Blanche, c'est-à-dire s'éloigne beaucoup du pôle à mesure qu'elle s'avance à l'E.

La ligne de + 5° passe par Trondhiem, au N. de Christiania, à Stockholm, à Saint-Pétersbourg, à Moscou : elle montre qu'il fait bien plus froid dans l'intérieur du continent que sur la côte O. de la Norvège.

La ligne de + 10° parcourt le milieu de l'Irlande, le S. de l'Angleterre, les Pays-Bas, l'Allemagne centrale, la Bohême, la Hongrie, et va atteindre la Crimée, bien loin au S. de la latitude de l'Irlande. Elle passe à peu près par Dublin, Londres, Amsterdam, Prague, Bucarest; il fait donc plus froid à l'E. qu'à l'O., dans toute la partie moyenne de l'Europe. Remarquons cependant que les lignes isothermes indiquent seulement la température moyenne de l'année. Les parties orientales de l'Europe, c'est-à-dire de l'intérieur du continent, n'en ont pas moins des étés plus chauds que les parties occidentales, mais les hivers sont aussi beaucoup plus rigoureux : l'Océan adoucit remarquablement la température.

La ligne de $+ 15°$ passe par le N. de l'Espagne, le S. de la France, le N. de l'Italie et dans la Turquie moyenne.

La ligne isotherme de $+ 20°$ touche seulement l'extrémité S. O. de l'Europe.

La température varie ensuite considérablement avec les altitudes : il fait de plus en plus froid à mesure qu'on s'élève au-dessus du niveau de la mer. Chaque chaîne de montagnes a ses lignes isothermes particulières. Vers la région moyenne de l'Europe (dans les Alpes), la ligne des neiges perpétuelles se trouve vers 2600 mètres.

Les vents dominants dans l'O. de l'Europe sont ceux du S. O. et de l'O., qui viennent de l'Atlantique, et sont humides, tempérés, chargés de vapeurs et pluvieux.

Les vents du N. et du N. E. sont assez fréquents aussi, surtout dans la partie orientale de notre partie du monde ; ils sont froids et généralement secs.

La pluie est plus abondante sur les côtes de l'Océan et dans les Alpes que partout ailleurs en Europe ; elle est de 60 à 70 centimètres sur les côtes de l'Irlande, de la France, de l'Angleterre ; de 1 mètre à Bergen, en Norvège ; de 1 à 2 mètres dans les Alpes ; de 55 centimètres à Paris, de 40 centimètres en Champagne. L'Europe occidentale reçoit beaucoup plus de pluie que l'Europe orientale.

Productions. — Il y a, dans un grand nombre de pays d'Europe, de riches mines de fer, particulièrement en Scandinavie, en Angleterre, en Allemagne, en France ; le cuivre se trouve surtout dans la péninsule Scandinave, en Angleterre, en Espagne et aux monts Ourals ; l'étain, dans la Grande-Bretagne ; l'or, aux monts Ourals et aux monts Carpathes ; le platine, dans les monts Ourals ; l'argent, le plomb, en Allemagne, en France, en Espagne, en Angleterre ; le mercure, en Espagne, en Illyrie ; le zinc, en Belgique, en Allemagne, en Espagne.

Le soufre est fourni par l'Italie, par les îles qui l'environnent et par l'Islande. L'ambre jaune se recueille aux bords méridionaux de la Baltique. Le charbon de terre abonde dans la Grande-Bretagne et vers les bords de l'Escaut, de la Meuse, du Rhin, etc. La tourbe est commune dans toutes les parties basses des régions moyennes de l'Europe.

Les principaux arbres fruitiers sont les pommiers, les poiriers, les pruniers, les abricotiers, les pêchers, qui peuplent presque partout les vergers, surtout dans les régions moyennes.

Les châtaigniers et les noyers sont répandus dans les mêmes régions.

Le cerisier est aussi un des arbres européens les plus communs et les plus intéressants : il s'avance fort loin vers le nord.

Les orangers, les citronniers, les cédratiers, les limoniers, les oliviers, les grenadiers, les figuiers, les amandiers, enrichissent de leurs produits les régions méridionales.

Les bois de construction sont surtout des chênes, des ormes, des frênes, des hêtres, des peupliers, des mélèzes, des pins, des sapins. — Les pins, les bouleaux, les trembles, les sorbiers, les saules, les aunes, sont les arbres qui s'avancent le plus au N. : on les trouve, quoique chétifs, jusqu'au 60e degré de latitude. Les sapins s'arrêtent au 67e degré ; les chênes, les frênes, les hêtres, les tilleuls, au 62e ; les peupliers, au 60e ; le fruit du châtaignier ne mûrit pas au delà du 51e. L'olivier ne dépasse pas le 44e degré ; l'oranger ne va que jusqu'à 43 degrés et demi.

Les céréales et les pommes de terres sont les principaux objets de la culture. Le blé ou froment ne dépasse pas, au N., le 62e degré de latitude ; le seigle va jusqu'au 64e ; l'orge et l'avoine s'avancent jusqu'au 68e. Le riz ne se trouve que vers le midi. Le maïs abonde aussi dans le midi, mais s'avance au nord bien plus loin que le riz, sans aller, à beaucoup près, aussi loin que le blé.

Le houblon, qui, avec l'orge, sert à fabriquer la bière, est l'objet d'une grande culture dans le N. et les régions médio-septentrionales (Angleterre, Allemagne, Bohême, Belgique, nord de la France).

La vigne tapisse les coteaux des régions méridionales et centrales. Elle ne dépasse pas, sur la côte de l'Océan, le 47e degré et demi. Dans l'intérieur du continent, elle s'avance jusqu'au delà du 51e ; car, dans l'intérieur, les étés sont plus chauds, et, par conséquent, plus propres à mûrir les raisins, ainsi que divers autres fruits.

Les principaux légumes sont les navets, les carottes, les pois, les haricots, les fèves, les raves, les choux, qui se cultivent abondamment dans les régions moyennes et septentrionales. La betterave, qui sert surtout à la fabrication du sucre et à la nourriture du bétail, est produite principalement par la France, l'Allemagne, l'Autriche, la Belgique, la Russie.

Le cotonnier et la canne à sucre se rencontrent au sud.

Le lin et le chanvre sont les principaux végétaux propres à faire des tissus; ils abondent surtout en Russie.

Le safran et la garance sont les principales plantes à teinture.

Les principales plantes oléagineuses, après l'olivier, sont le colza, la navette, l'œillette (pavot), qui abondent surtout dans les régions moyennes (France, Allemagne). Les huiles de lin et de chanvre se font particulièrement en Russie.

Le tabac se cultive dans beaucoup de pays, mais spécialement en Russie, en Roumanie, en Hongrie, en Turquie, en Allemagne, en Suisse.

Parmi les animaux domestiques, le cheval, le bœuf, l'âne, le mouton, la chèvre, le chien, le chat, sont à peu près communs à toutes les contrées de l'Europe; le renne est particulier aux régions les plus septentrionales; le chameau ne se montre qu'au S. E.

Les principaux quadrupèdes sauvages sont le sanglier; l'ours, surtout dans les hautes montagnes; le loup, le cerf, le chevreuil, le daim, le renard, le lièvre, le lapin, le blaireau, l'écureuil, qui se trouvent dans presque toute l'Europe; — la marmotte, le chamois, communs dans les Alpes; — le lynx, la loutre, le castor, le chat sauvage, les martres, qui habitent plus particulièrement dans les contrées du N.; — le buffle, le bouquetin, le porc-épic, qui se rencontrent vers le S.; — le chacal, qu'on ne voit qu'au S. E.

Parmi les plus gros oiseaux que possède l'Europe, on peut nommer l'aigle, le faucon, le vautour, le cygne, la grue, la cigogne, le héron, le pélican.

Les plus jolis sont le martin-pêcheur, le jaseur, le guêpier, le chardonneret. Parmi ceux qui chantent le plus agréablement, il faut citer le rossignol, le pinson, le serin, qui ne se trouve sauvage que dans le S.; parmi les migrateurs, l'hirondelle, la caille.

Parmi les reptiles, on n'a guère à redouter que la vipère. La couleuvre est fort commune.

Les poissons d'eau douce sont principalement les brochets, les carpes, les tanches, les perches, les truites. Les esturgeons remontent les grands fleuves de l'E. Dans la mer, on pêche surtout des maquereaux, des sardines, des anchois, des merlans, des soles, des turbots, des limandes, des raies, des thons, des harengs : ces derniers sortent de l'océan Glacial au printemps et se répandent par légions innombrables sur les côtes occidentales.

Parmi les mollusques, il faut citer les huîtres, abondantes presque partout, et, dans la Méditerranée seulement, les jolis argonautes papyracés, les sépias, si utiles par leur couleur, et les pinnes, qui donnent une très belle soie.

Les principaux crustacés sont les écrevisses, dans les eaux douces, et les homards, dans les eaux marines.

La classe des arachnides offre, dans le S., le redoutable scorpion. — Dans celle des annélides, on distingue la sangsue, si utile en médecine.

Les insectes les plus intéressants sont le ver à soie, particulier aux régions méridionales, et l'abeille, répandue presque partout.

Un des polypes les plus importants est l'éponge, qu'on rencontre surtout dans les parties orientales de la Méditerranée.

ÉTATS DE L'EUROPE[1]

(MOINS LA FRANCE)

ILES BRITANNIQUES

Les ILES BRITANNIQUES, qu'on appelle également *Royaume-Uni de Grande-Bretagne et d'Irlande*, ou royaume de *Grande-Bretagne*, d'après la plus étendue de ces îles, sont situées au N. O. de la France, dont elles sont séparées par la *Manche* et par le *Pas de Calais*. L'océan Atlantique les baigne à l'O. et au N., et il forme à l'E., entre ces îles et le Danemark, la mer du *Nord* ou d'*Allemagne*. Elles sont comprises entre 50° et 61° de latitude N.

Les deux principales îles Britanniques sont la *Grande-Bretagne*, à l'E., et l'*Irlande*, à l'O. Elles sont séparées l'une de l'autre par la mer d'*Irlande* et par les détroits assez larges qu'on appelle *canal Saint-George* et *canal du Nord*.

La GRANDE-BRETAGNE, très allongée du N. au S., est découpée à l'O. par de nombreuses échancrures, et généralement escarpée de ce côté, mais offre à l'E. des côtes basses et assez régulières. Elle comprend trois pays : l'**Angleterre**, le pays de **Galles** et l'*Écosse*.

L'ANGLETERRE (en anglais *England*) forme la partie méridionale de l'île. Elle est entrecoupée de beaux pâturages, de champs bien cultivés, et possède de riches mines de houille, de fer, d'étain, de plomb, de cuivre. Elle renferme au N. les montagnes du *Pic*, la chaîne *Pennine* et les monts *Cumbriens*, riches en sites pittoresques ; elle est arrosée par la *Tamise* au S. E., l'*Humber* au N. E., la *Mersey* au N. O., et la *Saverne* (qui se jette dans le *canal de Bristol*) au S. O. — Un grand nombre de canaux et de chemins de fer la tra-

---

[1] La Géographie politique est l'objet principal de cette partie de l'ouvrage ; mais, en même temps, nous donnerons un aperçu général de l'aspect physique de chaque contrée.

Londres. — Palais du Parlement.

versent dans tous les sens; les arts, le commerce et l'industrie y sont partout florissants.

Les villes principales sont :

Au N., *Newcastle* (150 000 h.), célèbre par ses mines de charbon de terre; *York*, très ancienne; *Hull* (150 000 h.), port très commerçant, à l'embouchure de l'Humber; *Sheffield* (300 000 h.), *Leeds* (312 000 h.), villes industrielles; *Manchester* (540 000 h., en y comprenant *Salford*), fameuse par ses nombreuses manufactures; *Liverpool* (540 000 h.), port célèbre, à l'embouchure de la Mersey.

Au milieu, *Birmingham* (390 000 h.), renommée par ses manuf. d'armes; *Nottingham*, *Leicester*, *Norwich*, par leurs tissus; *Oxford* et *Cambridge*, avec des universités célèbres.

Au S., LONDRES (en anglais *London*), grande et belle ville, sur la Tamise, capitale de l'Angleterre et de tout le royaume des îles Britanniques, et peuplée de 3 millions 500 000 habitants; *Greenwich*, sur le même fleuve, avec un observatoire important, où les Anglais font passer le premier méridien; *Douvres*, sur le Pas de Calais, en face de la ville française de Calais; *Brighton*, sur la Manche; *Portsmouth*, *Southampton* et *Plymouth*, ports de mer fameux, aussi sur la Manche; *Exeter*, près de la même mer; *Bristol* (210 000 habitants), port riche par son commerce, vers le golfe de ce nom; *Bath*, avec des eaux minérales célèbres.

Le pays de GALLES (*Wales*), à l'O. de l'Angleterre, est couvert de montagnes (monts *Cambriens*) et peu fertile. Il se divise en *Galles du Nord* et *Galles du Sud;* ses plus grandes villes sont *Merthyr-Tydvil*, au milieu de riches mines de houille et de fer, *Cardiff* et *Swansea*.

L'ÉCOSSE (*Scotland*) occupe le N. de Grande-Bretagne. Elle a, au centre et au N., des montagnes arides et sauvages, dont les plus remarquables sont les monts *Grampiens;* au S., elle présente des plaines et des vallée sagréables et fertiles, séparées de l'Angleterre par les monts *Cheviot*, et arrosées à l'E. par le *Forth*, à l'O. par la *Clyde*. Elle est parsemée de lacs, dont le plus important est le lac *Lomond*, à l'O. — Les villes principales sont *Edinbourg* (en anglais *Edin-*

burgh), capitale de l'Écosse (230 000 habitants); *Leith*, qui lui sert de port; *Glasgow*, la ville la plus peuplée de ce pays (580 000 habitants) et la plus importante par ses manufactures; *Dundee* et *Aberdeen*, deux ports de la côte orientale; *Greenock*, port de la côte occidentale; *Paisley*, aussi à l'O., ville manufacturière.

L'IRLANDE (*Ireland*) a un climat humide et un sol fertile, mais marécageux sur plusieurs points, et entrecoupé de lacs, dont les plus remarquables sont les lacs *Erne* et *Neagh*, au N., et ceux de *Killarney*, au S. O. Elle est traversée par le *Shannon*, qui forme beaucoup de lacs et se jette dans l'Atlantique, sur la côte O. de l'île, par un large estuaire.

L'île est partagée en quatre provinces: au N., l'**Ulster**, où se trouvent la ville de *Londonderry* et celle de *Belfast*, port très florissant (175 000 habit.); — à l'E., le **Leinster**, où l'on voit *Dublin* (315 000 habit.), capitale de l'Irlande, dans une magnifique position, au fond d'une vaste baie, et *Kilkenny*, très jolie ville; — au S., le **Munster**, où sont *Cork*, remarquable par son port et son commerce; *Limerick*, port vers l'embouchure du Shannon, et *Waterford*, autre port sur la Suir; — enfin, à l'O., le **Connaught**, dont la plus grande ville est *Galway*, sur une baie de même nom.

L'Angleterre est divisée en 40 *comtés;* le pays de Galles, en 12; l'Écosse, en 33; l'Irlande, en 32.

Plusieurs petites îles sont répandues autour des deux grandes îles Britanniques. Les plus remarquables sont les *Orcades* ou *Orkney*, situées près et au N. de l'Écosse, sous un climat humide; — les îles *Shetland*, rocailleuses et stériles, au N. E. des Orcades; — les *Hébrides*, montagneuses et d'un aspect sauvage, à l'O. de l'Écosse; — l'île de *Man*, au centre de la mer d'Irlande; — *Anglesey*, fertile et agréable, au N. O. du pays de Galles; — les îles *Sorlingues* ou *Scilly*, vers le cap *Land's End* (c'est-à-dire fin de la terre), qui forme l'extrémité S. O. de l'Angleterre; — l'île de *Wight*, située dans la Manche, et que son climat très doux et son bel aspect ont fait surnommer le *Jardin* de l'Angleterre.

50 EUROPE.

Les îles *Anglo-Normandes*, d'un climat très-doux aussi, dans la Manche, près des côtes de France, appartiennent également au royaume des îles Britanniques. Les principales sont *Jersey*, *Guernesey* et *Aurigny*.

Les îles Britanniques ont un gouvernement monarchique : le pouvoir du *roi* ou de la *reine* (car les reines peuvent régner dans cet État) est limité par le *Parlement*, qui se compose de deux assemblées : l'une est la *Chambre des pairs* ou *des lords*, dont les membres sont choisis par le souverain ; l'autre est la *Chambre des communes*, dont les membres sont élus par le peuple.

Ces îles renferment environ 34 millions d'habitants. Tout l'empire Britannique, avec les grandes possessions qu'il a hors d'Europe, en comprend plus de 240 millions.

La religion dominante en Angleterre est la religion *anglicane*, qui est une division du protestantisme ; elle considère le souverain comme chef suprême de l'Église, et a des archevêques (à Cantorbéry, à York) et des évêques. En Écosse, règne la religion *presbytérienne*, qui n'admet ni chef de l'Église, ni évêques. Enfin, les Irlandais sont la plupart catholiques.

28 000 kil. de chemins de fer.

Colonies et puissance extérieure. — Outre les îles Britanniques, la Grande Bretagne possède, en Europe, *Gibraltar*, les trois îles de *Malte* et l'île de *Helgoland*. — En Asie, elle a la plus grande partie de l'*Hindoustan*, *Ceylan*, une partie de l'*Indo-Chine*, avec les îles *Andaman*, *Ficobar*, de *Poulo-Pinang* et de *Singapour* ; l'île de *Hong-kong*, en Chine ; *Aden* et l'île de *Périm*, dans l'Arabie. — En Afrique, les colonies du *Cap* et de *Natal*, le *Transvaal*, l'île *Maurice*, les *Séchelles*, *Ste-Hélène*, l'*Ascension* ; la côte de *Sierra-Leone* ; *Cap-Corse*, *Elmina* et d'autres points de la *Guinée supérieure* ; la colonie de la *Gambie*. — En Amérique, le *Canada*, la *Nouvelle-Écosse*, le *Nouveau-Brunswick* et d'autres régions des parties boréales de l'Amérique du Nord ; *Terre-Neuve* et d'autres îles près du golfe de Saint-Laurent ; la *Guyane anglaise*, le *Yucatan anglais*, les îles *Bermudes*, la *Jamaïque*, les *Lucayes*, et plusieurs des *Petites Antilles* (la *Dominique*, *Sainte-Lucie*, la *Barbade*, la *Trinité*, etc.).

— Dans l'Océanie, l'*Australie* (divisée en *Nouvelle-Galles méridionale*, *Victoria*, etc.), la *Tasmanie*, la *Nouvelle-Zélande* et plusieurs autres îles du Grand Océan. (Ces terres océaniennes forment ce que les Anglais appellent leurs possessions d'*Australasie*).

BELGIQUE

La BELGIQUE, comprise dans les bassins de la *Meuse* et de l'*Escaut*, est bordée au N. par le royaume des Pays-Bas ;

Bruxelles. — Hôtel de ville.

à l'E., par le même royaume, celui de Prusse et le grand-duché de Luxembourg ; au S. O., par la France, et à l'O. par la mer du Nord. Sa latitude moyenne est au 50ᵉ degré et demi.

Elle est agréablement parsemée de champs bien cultivés, de pâturages, de forêts. Elle possède de riches mines de houille, de fer et de zinc. C'est, en général, un pays de plaines ; cependant il y a au S. E. quelques montagnes, dont les plus remarquables sont celles des *Ardennes*.

On y trouve les provinces de *Flandre occidentale*, *Flandre orientale*, *Anvers*, *Brabant méridional*, *Limbourg belge*, *Liège*, *Namur*, *Hainaut* et *Luxembourg belge*.

Les villes les plus importantes sont : BRUXELLES (300 060 h., avec ses annexes), capitale du royaume (près de là est le village de *Waterloo*, fameux par une bataille en 1815); *Bruges, Ostende, Gand, Anvers*, port célèbre sur l'Escaut; *Malines, Liège, Verviers, Namur, Mons, Tournai*. Dans le voisinage de ces trois dernières villes, on voit plusieurs lieux illustrés par des victoires des Français : ce sont particulièrement *Fleurus, Fontenoy, Jemmapes*.

Le gouvernement est monarchique. Le pouvoir du roi est limité par le Sénat et la Chambre des représentants.

La population de ce royaume est de 5 500 000 âmes.

On y parle généralement le français. Cependant le flamand est fort répandu à l'O., et le wallon à l'E.

3700 kil. de chemins de fer.

PAYS-BAS

Le royaume des PAYS-BAS, de NÉDERLANDE ou NÉERLANDE, que souvent aussi on appelle *Hollande*, du nom de sa principale province, est borné au N. et à l'O. par la mer du Nord, à l'E. par l'Allemagne, au S. par la Belgique. La latitude moyenne est au 52ᵉ degré.

Le sol est bas, humide, exposé aux inondations de la mer et des fleuves, et entrecoupé de canaux et de digues innombrables. Cette contrée renferme le profond golfe de *Zuiderzee*, qui s'est formé au treizième siècle. Le *Rhin* et la *Meuse* la parcourent de l'E. à l'O., et s'y divisent en plusieurs branches. L'*Escaut* s'y jette dans la mer, au S. O., par deux larges embouchures.

Les Pays-Bas ont formé pendant longtemps une république sous le nom de *Provinces-Unies*, et ensuite sous celui de *république Batave*. Ils comprennent les provinces de *Hollande septentrionale, Hollande méridionale, Utrecht, Zélande, Brabant septentrional, Gueldre, Over-Yssel, Frise, Drenthe, Groningue, Limbourg hollandais.*

On remarque, dans ce royaume, de nombreuses villes florissantes, comme AMSTERDAM (300 000 hab.), la capitale, fameuse par son port et son commerce, et située sur l'Y, bras du Zuider-zee; *Harlem*, près de l'emplacement d'un lac de même nom, qui a été desséché; *Leyde*, connue par ses draps; *la Haye* (100 000 hab.), belle ville agréablement située, résidence du roi et qui est comme la seconde capitale du royaume; *Rotterdam* (145 000 hab.), port très-commerçant, sur la Meuse: *Utrecht*, célèbre par deux traités; *Bois-le-Duc*, *Nimègue* (traité de 1678-1679), *Groningue*, *Maestricht*, célèbre place forte.

Le gouvernement est monarchique. Le pouvoir du roi est limité par deux chambres, qui prennent le nom d'États généraux.

Les habitants, au nombre d'environ 4 000 000, professent presque tous le *calvinisme*, une des branches de la religion protestante. Ils parlent généralement le hollandais.

Les Pays-Bas ont d'importantes colonies hors d'Europe. Les principales sont: en Amérique, la *Guyane hollandaise*, *Saint-Eustache*, *Curaçao* et quelques autres Antilles; — dans l'Océanie, *Java*, plusieurs autres îles de la *Sonde*, une partie de *Sumatra*, de *Bornéo*, de *Célèbes*, des *Moluques*. Les possessions océaniennes sont de beaucoup les plus importantes.

La population de toutes les colonies néerlandaises est de 25 millions d'habitants.

Chemins de fer : 2000 kil.

GRAND-DUCHÉ DE LUXEMBOURG

Le grand-duché de LUXEMBOURG, qui est sous la souveraineté du roi des Pays-Bas, sans faire partie de ce royaume, forme un pays neutre entre la Belgique, la France et la Prusse.

Les montagnes des *Ardennes*, couvertes de forêts, occupent une grande partie du territoire du grand-duché. La *Moselle* en forme la limite orientale.

La population est de 200 000 habitants. Elle parle généralement le français et l'allemand.

La capitale est *Luxembourg*.

MONARCHIE SCANDINAVE

ou

SUÈDE ET NORVÈGE.

La Suède et la Norvège sont deux royaumes réunis sous *un seul monarque*, et sont comprises dans la vaste presqu'île de la *Scandinavie*, qui est la partie la plus septentrionale de l'Europe continentale (entre 54° et 71° de latitude). Cette presqu'île est baignée : au N., par l'océan Glacial arctique ; à l'O., par l'océan Atlantique ; au S. O., par le Skager-Rak, le Cattégat et le Sund ; à l'E. et au S., par la mer Baltique. Au N. E., elle tient à la Russie, vers laquelle elle a pour limite le fleuve *Torneå*.

La Suède et la Norvège sont séparées l'une de l'autre par la chaîne des monts *Dofrines*, ou *Alpes Scandinaves*. Le *Dal-elf*, qui coule à l'E. et se jette dans le golfe de Botnie, est le plus long fleuve de la presqu'île. Le *Luleå*, autre tributaire de ce golfe, forme une magnifique cataracte.

La Suède (en suédois *Sverige*) est assez fertile au S., mais stérile au N. ; elle est pleine de lacs et entrecoupée de nombreuses rivières. Elle possède de riches mines de fer et de cuivre, et de précieuses forêts de sapins.

Elle renferme, dans la région du nord, c'est-à-dire dans le *Nordland*, une portion de la *Laponie*, pays triste et froid, dont les habitants sont remarquables par leur petite taille. Elle contient encore, vers le N., une partie de la *Botnie*, dont la Russie occupe le reste.

Au milieu, la *Suède propre* comprend l'ancienne province de *Dalécarlie*, célèbre par ses mines de cuivre ; — la ville de Stockholm (170 000 hab.), capitale du royaume, située agréablement sur le lac *Mælar*, près de la mer Baltique ; — et la ville d'*Upsal*, connue par son université.

Au S., s'étend la grande province de *Gothie*, qui est baignée par les lacs *Vener* et *Vetter*, unis par le canal de Gœtha, et dont la plus importante ville est *Gothembourg* ou *Gœtheborg*, port, au S. O., à l'embouchure de la rivière Gœtha.

Dans la mer Baltique, à l'E. de la Gothie on trouve les îles de *Gottland* et d'*OEland*, qui ont des forêts et des prairies.

La NORVÈGE (en danois *Norge*) est partout hérissée de montagnes, tantôt arides ou couvertes de glaciers, tantôt revêtues de grandes forêts de pins et de sapins. Elle est parsemée de lacs et traversée par de nombreuses rivières, qui forment de belles cascades. Ses côtes, remplies de rochers, sont découpées par une infinité de golfes profonds ou *fiords*. Le climat, quoique beaucoup plus doux que dans les autres pays d'Europe placés à la même latitude, a des parties très-froides au N., dans la *Laponie norvégienne*, où l'on ne voit croître qu'une herbe maigre, des lichens, de la mousse; il s'y trouve un animal très utile, le renne.

La capitale de la Norvège est CHRISTIANIA (75 000 hab.), dans le S., au fond d'un golfe de même nom. — La seconde ville du royaume est *Bergen*. — On remarque aussi *Trondhiem*.

Près et au N. O. de la Norvège, on voit les nombreuses îles *Lofoden*, rocailleuses et stériles, près desquelles on fait une grande pêche de morue. Au S. O. de ces îles, est le célèbre gouffre de *Malstrœm*. Au N. E. est le cap *Nord* (à 71° de latitude), qui forme l'extrémité septentrionale de la Norvège et de l'Europe.

On peut considérer comme une annexe de la Norvège l'archipel très froid et inhabité du *Spitzberg*, situé assez loin au nord de ce pays.

L'autorité du roi de la monarchie scandinave est limitée par des *diètes* (assemblées), deux pour la Suède, une pour la Norvège.

Quoiqu'elle soit beaucoup plus grande que la France, cette monarchie ne renferme que 6 millions d'habitants (4 200 000 pour la Suède, 1 800 000 pour la Norvège), divisés en *Suédois*, *Norvégiens*, *Finnois* et *Lapons*. On parle deux langues principales: le suédois, et, en Norvège, le danois. La religion est le luthéranisme. La langue des Lapons est un dialecte finnois.

La Suède possédait, aux Antilles, la petite île de *Saint-Barthélemy*, qu'elle vient de céder à la France.

6300 kil. de chemins de fer.

DANEMARK

Le DANEMARK est composé de deux parties distinctes : l'*archipel Danois*, et le nord de la *presqu'île Cimbrique*.

Les principales îles de l'archipel se trouvent entre la Baltique, au S., et le Cattégat, au N. Les deux plus grandes sont : 1° *Seeland*, agréable, fertile, et séparée de la Suède, à l'E., par le *Sund*; elle renferme la belle ville maritime de COPENHAGUE, en danois *Kiœbenhavn* (260 000 hab.), capitale du roy., et le port commerçant d'*Elseneur*. — 2° *Fionie*, qui se trouve entre le détroit du *Grand-Belt*, à l'E., et celui du *Petit-Belt*, à l'O.; *Odense* en est le chef-lieu.

La partie danoise de la presqu'île Cimbrique comprend le *Jutland*, qui s'avance en pointe au N., vers le Skager-Rak, et qui est baigné à l'O. par la mer du Nord, à l'E. par le Cattégat. La plus grande ville est *Aarhus* (25 000 h.).

La population du Danemark est de 2 millions d'hab.

L'*Islande*, en danois *Island* (terre de glace), située au N. O. des îles Britanniques, dans l'océan Atlantique et un peu dans l'océan Glacial, bien loin du Danemark, fait partie de ce royaume. Elle est couverte de montagnes escarpées, stériles, continuellement revêtues de neige et de glace, et dont plusieurs sont des volcans. La plus célèbre de ces montagnes est l'*Hekla*, sur la côte méridionale.

Au S. E. de l'Islande, est le groupe des îles *Færœer*, qui dépend aussi du Danemark.

Le *Groenland*, en Amérique, appartient également à ce royaume, de même que les îles *Sainte-Croix*, *Saint-Thomas* et *Saint-Jean*, dans les *Petites Antilles*.

Le gouvernement est une monarchie. Le pouvoir du roi est limité par le Parlement (*Rigsdag*).

La religion des Danois est généralement le luthéranisme.

1400 kil. de chemins de fer.

Copenhague

ALLEMAGNE

L'ALLEMAGNE (en allemand *Deutschland*) est une vaste contrée située au centre de l'Europe, à l'E. de la France, de la Belgique et des Pays-Bas, au N. de la Suisse et de l'Italie, à l'O. de l'empire Austro-Hongrois et de l'empire Russe.

Elle est baignée au N. par la mer du Nord et la mer Baltique. Ailleurs, ses frontières naturelles sont : à l'O., les Vosges, du côté de la France; au S., le Rhin, du côté de la Suisse, et des rameaux des Alpes, vers l'empire Austro-Hongrois; à l'E., l'Inn, les monts du Bœhmer-wald, de l'Erz-Gebirge, du Riesen-Gebirge, vers le même empire; ensuite les limites orientales, vers l'empire Russe, passent vaguement à travers des plaines. — Latitude : de 47° à 55° N.

L'Allemagne est, vers le S., couverte par les *Alpes*; — au S. O., par les montagnes de la *Forêt-Noire*; — au centre, par les montagnes des *Pins* (*Fichtel-Gebirge*) et celles de la *Thuringe* (*Thüringer-Wald*); — à l'E., par les montagnes du *Bœhmer-Wald* (*Forêt de Bohême*), par celles de l'*Erz-Gebirge* (*montagnes des mines*) et par le *Riesen-Gebirge* (*monts des Géants*); — à l'O., par les *Vosges* et les monts *Eifel*.

Au N., elle renferme les montagnes du *Harz*, renommées par leurs mines; mais elle offre aussi, dans cette partie, de vastes plaines marécageuses et froides.

Quatre fleuves principaux, tributaires de la mer du Nord, arrosent l'O. et le centre de l'Allemagne. Ce sont : le *Rhin*, qui s'y grossit du *Necker*, du *Main*, de la *Moselle*, de la *Lahn* et de la *Lippe*; — l'*Ems*, qui a son embouchure dans la baie de *Dollart*; — l'*Iade*, qui se jette dans la baie de même nom; — le *Weser*, qui se forme par la réunion de la *Werra* et de la *Fulde*, et qui a un large estuaire; — l'*Elbe*, qui reçoit la *Mulde* et la *Saale*, et a aussi une large embouchure.

Au N. E., cette contrée est traversée par l'*Oder*, qui se rend dans la mer Baltique, en s'épanchant dans un golfe intérieur nommé *Pommersche-Haff*; — par la *Vistule* et le *Niémen*, aux embouchures desquels sont les lagunes appelées *Frische-Haff* et *Curische-Haff*.

Au S., coule le *Danube*, qui s'augmente de l'*Isar* et de l'*Inn* et qui va, bien loin de l'Allemagne, se jeter dans la mer Noire.

On compte 43 millions d'habitants dans l'Allemagne. Ceux du S. sont généralement catholiques, et ceux du N. luthériens et calvinistes.

L'Allemagne a formé la *confédération Germanique*, de 1815 à 1866. Elle a constitué, après cette dernière époque, deux parties distinctes : la *confédération de l'Allemagne du Nord*, ayant pour État principal la Prusse ; et les *États de l'Allemagne du Sud* (Bavière, Würtemberg, etc.). — En 1871, ces deux parties se sont fondues en un seul ensemble, qui a pris le nom d'*empire d'Allemagne*, et a reconnu le roi de Prusse pour empereur. Un parlement (*Reichstag*), siégeant à Berlin, représente toute la nation allemande. — Nous allons examiner séparement les divers États de cet empire.

PRUSSE

La PRUSSE, qui s'est composée longtemps de deux parties séparées par divers États de l'Allemagne, forme depuis 1866 un territoire compacte et ininterrompu, qui s'étend de l'E. à l'O. depuis la Russie jusqu'à la France ; et du N. au S. depuis la mer Baltique et la mer du Nord jusqu'aux monts des Géants, du côté de l'Autriche, et au Main du côté de la Bavière et du grand-duché de Hesse.

On peut la partager en deux divisions générales : les *anciennes provinces* et les *provinces nouvellement annexées*.

Les ANCIENNES PROVINCES sont au nombre de huit, dont deux, à l'E., vers la Russie, ne sont pas réellement allemandes, mais slaves et lettonnes : l'une est la province de *Prusse* (divisée en *Prusse orientale* et *Prusse occidentale*) ; l'autre, la province de *Posen*. Elles sont basses, marécageuses et parsemées de lacs, dont les plus grands sont le *Curische-Haff* et le *Frische-Haff*, près de la mer Baltique ; on y voit couler le *Niémen* et la *Vistule*.

Au milieu, on trouve les provinces de *Poméranie*, de *Brandebourg*, de *Saxe* et de *Silésie*, qui sont allemandes de langue généralement, et slaves sur quelques points. Les deux premières sont plates, humides et entrecoupées d'un grand nombre de lacs; les autres présentent quelques montagnes, abondent en gras pâturages, et sont riches en minéraux. L'*Oder* (qui reçoit la *Warthe*) et l'*Elbe* (qui se grossit du *Havel*, augmenté lui-même de la *Sprée*) arrosent cette partie du royaume de Prusse.

A l'O., s'étendent les provinces de *Westphalie* et du *Rhin*, qui sont allemandes en général, et wallonnes sur une petite étendue. Elles touchent aux Pays-Bas, à la Belgique et à la France; leur sol est agréablement varié de collines et de vallées fertiles; elles sont arrosées par le *Weser*, le *Rhin* et la *Moselle*.

Les plus grandes villes des anciennes provinces sont :

A l'E., *Kœnigsberg* (127 000 h.), sur le Pregel; — *Dantzick* ou *Danzig*, sur un golfe de même nom, vers l'embouchure de la Vistule, avec un port très-fréquenté.

Au milieu, BERLIN, capitale de la Prusse et de toute l'Allemagne, sur la Sprée, avec 1 million d'habitants; — *Potsdam*, dans une position agréable, sur le Havel, avec de célèbres châteaux royaux ; — *Brandebourg*, ville industrielle, qui a donné son nom à la province située au cœur du royaume :— *Francfort-sur-l'Oder*, qui a des foires renommées; — *Magdebourg*, place très-forte, sur l'Elbe; *Halle*, fameuse par son université; — *Breslau*, 2ᵉ ville du royaume par sa population (240 000 h.), sur l'Oder; — *Stettin*, le port le plus commerçant de la Prusse, aussi sur l'Oder. — *Stralsund*, sur la Baltique, en face de l'île de Rügen.

A l'O., *Münster*, connue par le traité de 1648; — *Cologne* (135 000 h.), sur le Rhin, remarq. par son antiquité, son agréable situation, son grand commerce; — *Düsseldorf*, belle ville, sur le Rhin ; — *Elberfeld, Barmen, Essen*, fameuses par leur industrie; — *Aix-la-Chapelle*, célèbre par ses eaux thermales, et surtout parce qu'elle fut la résidence de Charlemagne; — *Coblentz*, au confluent de la Moselle et du Rhin; — *Trêves*, très-ancienne ville, sur la Moselle.

Parmi les anciennes possessions, il faut encore nommer le pays de *Hohenzollern*, dans le S. de l'Allemagne, et le petit territoire de l'*Iade*, enclavé dans l'Oldenbourg.

Les PROVINCES NOUVELLEMENT ANNEXÉES sont :

La province de *Slesvig-Holstein*, formée d'anciens duchés qui appartenaient au Danemark, dont ils ont été détachés en 1864.

La province de *Hanovre* (formée de l'ancien royaume du même nom), et celle de *Hesse-Nassau* (formée surtout des anciens États de Hesse Électorale et de Nassau).

Il faut y ajouter le duché de *Lauenbourg*, sur la rive droite de l'Elbe, enlevé au Danemark, et qui forme une division administrative séparée.

On remarque, dans ces provinces, comme villes principales :

Slesvig, *Flensbourg*, *Kiel*, *Altona*, *Rendsbourg*, dans la province de Slesvig-Holstein.

Hanovre (100000 habit.), *Gœttingue*, fameuse par son université, *Osnabruck*, par le traité de 1648, et *Emden*, par son port, dans la province de Hanovre.

Cassel, *Wiesbaden*, *Francfort-sur-le-Main* (100000 h.), ancienne ville libre, importante par son grand commerce et par ses foires, dans la province de Hesse-Nassau.

La population de la Prusse est d'environ 26 millions d'habitants.

Le roi règne avec le concours de deux chambres : la Chambre des seigneurs et celle des députés.

La religion protestante dite évangélique (calvinisme et luthéranisme confondus) est professée par la majorité ; il y a aussi des catholiques, surtout à l'ouest. La langue allemande est parlée presque partout dans le royaume de Prusse ; cependant les langues polonaise et lettonne sont fort répandues dans les provinces les plus orientales, et la langue wende (une des langues slaves) dans la partie moyenne.

ROYAUME DE SAXE, DUCHÉS DE SAXE ET AUTRES ÉTATS DE
THURINGE, ANHALT, GRANDS-DUCHÉS DE MECKLENBOURG,
VILLES LIBRES, BRUNSWICK, WALDECK, LIPPE, OLDEN-
BOURG.

Les États groupés autour de la Prusse dans le N. de l'Allemagne sont, en s'avançant de l'E. à l'O. : 1° le royaume de
SAXE, arrosé par l'Elbe, et peuplé de 2800000 hab.; —
2° les ÉTATS DE THURINGE, c'est-à-dire : les quatre duchés
de *Saxe* (*Saxe-Weimar*, grand-duché; *Saxe-Cobourg-Gotha*,
Saxe-Meiningen, *Saxe-Altenbourg*); — les deux principautés de *Reuss*; — les deux principautés de *Schwarzbourg*; —
3° le duché d'ANHALT; — 4° les deux grands-duchés de
MECKLENBOURG; — 5° les VILLES LIBRES de HAMBOURG, de
LÜBECK et de BRÊME; — 6° le duché de BRUNSWICK; —
7° la principauté de WALDECK; — 8° les deux principautés
de LIPPE; — 9° le grand-duché d'OLDENBOURG.

Voici les villes principales qu'on y remarque :
Dresde (200000 hab.), capitale du royaume de Saxe,
grande et belle ville, sur l'Elbe; — *Leipzig* (dans le même
royaume), célèbre par son université, ses foires, son commerce
de livres et une bataille en 1313; — *Chemnitz*.

Weimar, *Gotha* et *Altenbourg*, les trois plus grandes villes
des duchés de Saxe; — *Iéna* (dans le grand-duché de Saxe-
Weimar), fameuse par son université et par une victoire des
Français en 1806. — (Presque toutes les villes des duchés de
Saxe se distinguent par une culture très-avancée des lettres et
des sciences).

Dessau, capitale du duché d'Anhalt.

Schwerin, capitale du grand-duché de Mecklenbourg-
Schwerin.

Hambourg (265 000 hab.), port très-fréquenté, sur l'Elbe,
et, après Berlin, la plus grande ville de l'Allemagne; — *Lübeck*, port sur la Baltique, et *Brême*, port sur le Weser, deux
autres villes très-commerçantes, et désignées, avec Hambourg, sous le titre de villes *Hanséatiques* (c'est-à-dire alliées
pour le commerce).

Brunswick, *Oldenbourg*, capitales des duchés de même nom.

BAVIÈRE, WURTEMBERG, BADE, GRAND-DUCHÉ DE HESSE, ALSACE-LORRAINE.

La BAVIÈRE est un royaume assez considérable, situé vers la partie la plus méridionale de l'Allemagne. Deux parties séparées composent cet État : la plus considérable, à l'E., dans les bassins du Danube et du Main, comprend la *Bavière propre*, la *Franconie*, la *Souabe*, le *Haut-Palatinat* et les villes suivantes :

Munich, très-belle ville, de 200 000 habitants, capitale de la Bavière, sur l'Isar ; — *Augsbourg*, une des places les plus commerçantes de l'Allemagne ; — *Nuremberg*, où l'on a inventé les montres et les pendules, et où l'on fabrique beaucoup de mercerie, d'instruments de musique et de mathématiques, de jouets d'enfants, etc. ; — *Würzbourg*, sur le Main ; — *Bamberg* ; — *Ratisbonne*, sur le Danube.

L'autre partie, à l'O., est le *cercle du Rhin*, la *Bavière rhénane* ou le *Bas-Palatinat*, avec les villes de *Spire*, sur le Rhin, de *Deux-Ponts* et de *Landau*.

La Bavière possède 5 000 000 d'habitants.

Le WURTEMBERG est un joli royaume, très-bien cultivé et très-peuplé, sur le versant oriental de la Forêt-Noire, dans les bassins du Danube et du Necker. — *Stuttgart*, capitale ; — *Louisbourg*, qui est souvent la résidence du roi ; — *Ulm*, sur le Danube, fameuse par la prise qu'en firent les Français en 1805, en sont les villes principales. — Le royaume a 1 900 000 habitants.

Le grand-duché de BADE (1 500 000 hab.) est renfermé entre la Forêt-Noire et le Rhin ; il touche, au S. E., au lac de Constance ; — *Carlsruhe*, très-jolie ville, est la capitale. — Autres villes : *Bade (Baden-Baden)*, renommée par ses eaux minérales ; — *Manheim*, au confluent du Necker et du Rhin ; — *Fribourg en Brisgau*, *Heidelberg*, célèbres par leurs universités ; — *Constance*, vers l'endroit où le Rhin sort du lac de ce nom.

Le grand-duché de HESSE (900 000 hab.) est partagé en deux parties : la plus considérable est au S. du Main et sur le Rhin, et renferme : *Darmstadt*, capitale ; — *Mayence*, ville forte, dans un pays fertile en vins renommés, au confluent du Rhin et du Main.

L'autre partie, au N. du Main, a pour ville princ. *Giessen*.

Le gouvernement d'ALSACE-LORRAINE (1 550 000 hab.), formé de territoires que la France a eu la douleur de perdre après une guerre contre l'Allemagne et qu'elle a cédés par le traité de 1871, comprend les anc. dép. du Haut-Rhin (sauf le territ. de Belfort) et du Bas-Rhin, la plus grande partie de

Mayence.

l'ancien dép. de la Moselle et environ le tiers de celui de la Meurthe. — *Strasbourg* (95 000 h.) en est la capitale ; *Metz*, *Mulhouse* et *Colmar* en sont ensuite les plus grandes villes.

Chemins de fer de l'Allemagne : 34 600 kil.

EMPIRE AUSTRO-HONGROIS

L'EMPIRE AUSTRO-HONGROIS ou d'AUTRICHE-HONGRIE (en all. *OEsterreich-Ungarn*), qu'on appelait auparavant *empire d'Autriche*, est situé au centre de l'Europe, et touche, vers l'O., à l'empire d'Allemagne et à la Suisse ; au S. O., à l'Italie ; au N., à l'empire d'Allemagne et à l'empire de Russie ; à l'E., à ce dernier. Au S., les monts Carpathes, le Danube et la Save le séparent de la Roumanie, de la Serbie et de la province turque de Bosnie; il est aussi borné de ce côté par l'*Adriatique*, dans laquelle il a un grand nombre d'îles, formant l'archipel *Dalmate-Illyrien*. — Latit. moy. : 48°.

Les parties les plus occidentales de l'empire sont habitées par des Allemands, et composent l'archiduché d'*Autriche* (divisé en *pays au-dessous de l'Ens* et *pays au-dessus de l'Ens*), le duché de *Salzbourg*, la *Carinthie* et le nord du *Tyrol*.

D'autres parties, aussi à l'O., la *Styrie* et la *Carniole*, ont une population mélangée d'Allemands et de Slaves.

Le S. de *Tyrol* et une région qui s'étend sur la côte N. de l'Adriatique sous le nom de *Littoral illyrien*, sont des pays italiens plutôt qu'allemands, et se trouvent dans le S. O. de l'empire.

Dans le N. O., sont la *Bohême*, la *Moravie* et le duché de *Silésie*, pays surtout slaves : les Tchèkhes ou Bohèmes et les Slovaques en sont les principaux habitants. Cependant il y a aussi des Allemands.

Vers le centre et le sud-est, est le royaume de *Hongrie-Transylvanie*, habité par les Hongrois ou Magyars, par des Slaves (Slovaques et Ruthènes), et par des Roumains.

Au S., sont : 1° le royaume de *Croatie-Esclavonie*; 2° les anciens *Confins militaires*, maintenant organisés civilement; 3° le territoire de *Fiume*; 4° la *Dalmatie*. Ces divisions sont peuplées par des Slaves (Croates, Esclavons, Serbes). Il y a aussi des Italiens en Dalmatie.

Au N. E., la *Galicie*, peuplée de Slaves, et la *Bukovin*, peuplée de Roumains.

Les *Alpes* couvrent le S. O. de l'empire. Les monts *Carpathes* s'étendent dans le N., le N. E. et le S. E. Entre ces deux grandes chaînes, coule le *Danube*, qui se dirige du N. O. au S. E., en s'augmentant du *Vaq*, de la *Theiss*, de l'*Inn*, de l'*Ens*, de la *Leitha*, de la *Drave* et de la *Save*. Il parcourt de vastes plaines, dont quelques-unes sont marécageuses. — L'*Elbe* arrose la Bohême, et coule à travers un pays agréable et fertile. — Le *Dniestr* et la *Vistule*, dans le N. E., arrosent les plaines de la Galicie. — Dans le S. O., l'*Adige* traverse le Tyrol et se dirige vers l'Adriatique.

Le lac *Balaton* ou *Platten-see* s'étend dans la partie occi-

Vue générale de Vienne.

dentale de la Hongrie ; le lac de *Garde* touche l'extrémité sud du Tyrol, et le lac de *Constance*, formé par le *Rhin*, en baigne l'extrémité O.

Vienne (en allemand *Wien*), capitale de l'empire et en particulier de l'archiduché d'Autriche, est située au milieu d'une plaine fertile, sur le Danube, dans la Basse-Autriche (partie orientale de l'archiduché, ou pays au-dessous de l'Ens) ; elle est peuplée de 1 000 000 d'âmes, en y comprenant les communes annexées.

Dans le voisinage, on remarque le village de *Wagram*, célèbre par une victoire des Français en 1809.

Lintz, aussi sur le Danube, est la capitale de la Haute-Autriche ou pays au-dessus de l'Ens.

Salzbourg est la capitale du duché de même nom, au milieu d'un pays montagneux, riche en mines de fer et de sel.

Gratz, capitale de la Styrie, sur la Mur, a aussi des mines de fer dans son voisinage.

Klagenfurt est la capitale de la Carinthie; — *Laybach*, de la Carniole. — *Inspruck*, sur l'Inn, est la capitale du Tyrol, un des pays les plus montagneux et les plus pittoresques de l'Europe. — *Trente*, célèbre par un concile au seizième siècle, se trouve dans la portion du Tyrol qui s'incline vers l'Italie.

Trieste, peuplée de plus de 100 000 habitants, est la ville principale du Littoral illyrien, où l'on rencontre aussi la presqu'île d'*Istrie*.

Prague, ville de 190 000 âmes, sur la Moldan, est la capitale du beau royaume de Bohème, enfermé par quatre chaînes de montagnes. — Dans le même pays, sont *Reichenberg*, connue par ses draps; — *Carlsbad, Sedlitz, Teplitz*, par leurs eaux minérales; — *Sadowa*, par une victoire mémorable des Prussiens sur les Autrichiens, en 1866. Cette bataille porte aussi le nom de *Kœniggrætz*, ville près de laquelle elle a été livrée.

Brünn est la capitale de la Moravie. — Près de là on trouve la petite ville d'*Austerlitz*, célèbre par une victoire des Français en 1805. — On peut citer, dans le même pays, *Olmütz*.

Parmi les villes de la Hongrie, on remarque : au milieu, *Buda-Pest* (300 000 h.), capitale de ce royaume et composée de deux villes : *Pest*, sur la rive gauche du Danube ; *Buda* ou *Ofen*, sur la rive droite. — A l'O., *Presbourg*, ancienne capitale de la Hongrie, sur le Danube ; — *Komorn*, place très forte, sur le même fleuve. — Au N., *Schemnitz*, fameuse par ses mines d'or, d'argent et de plomb ; — *Tokay*, célèbre pas ses vins. — A l'E., *Debreczin* et *Gross-Wardien*. — Au S., *Szegedin*, *Theresienstadt*, ou *Theresiopel*, et *Temesvar*.

Dans la Transylvanie, pays montageux, on remarque *Klausenbourg*, capitale, *Cronstadt* et *Hermanstadt*.

Agram est la capitale du royaume de Croatie-Esclavonie.

Fiume, port à l'extrémité N. E. de l'Adriatique, est au S. O. de la Croatie.

Dans la Dalmatie, qui s'étend le long de la côte orientale de l'Adriatique, avec des îles nombreuses, les villes principales sont : *Zara*, capitale ; *Raguse*, port célèbre ; et *Cattaro*, sur un beau golfe qu'on nomme *Bouches de Cattaro*.

La Galicie, pays d'origine tout à fait polonaise, a pour capitale *Lemberg*, et renferme, à l'O., *Wieliczka*, fameuse par ses mines de sel ; — *Cracovie*, autrefois capitale de la Pologne, plus tard république, enfin réunie à l'Autriche en 1846.

Le pouvoir de l'empereur est tempéré par un Conseil de l'empire (*Reichsrath*) et par la Diète de Hongrie. Il règne sur 38 millions d'habitants, qui sont, comme nous l'avons dit, de nations très diverses : il y a des *Allemands*, des *Slaves*, des *Hongrois* ou *Magyars*, des *Roumains* et des *Italiens*. — Deux grandes divisions politiques ont été établies pour l'administration de l'empire : à l'O., la division *Cisleithane* (en deçà de la Leitha), comprenant les *pays Autrichiens* et ayant pour centre Vienne ; — à l'E., la division *Transleithane* (au delà de la Leitha), comprenant les *pays de la Couronne de Hongrie*, et où se trouvent, avec la Hongrie, la Transylvanie, Fiume, le royaume de Croatie-Esclavonie et les anciens Confins militaires.

La religion catholique est la plus répandue.

18 500 kil. de chemins de fer.

SUISSE

La Suisse, qu'on appelle quelquefois *Helvétie*, d'après les Helvétiens, le plus important de ses anciens peuples, est à l'E. de la France, au S. de l'Allemagne et au N. O. de l'Italie. Le Rhin et le lac de Constance la bordent au N. et au N. E.; les Alpes et le lac de Genève la limitent au S.; le Jura et le Doubs, à l'O. — Latitude moyenne : 47°.

Des montagnes escarpées hérissent presque partout cette contrée, célèbre par ses beautés naturelles. Les Alpes surtout offrent des sommets très élevés, couverts de neige et de *glaciers*, et d'où descendent souvent avec fracas, dans les vallées d'alentour, de redoutables *avalanches*. Les principaux de ces sommets sont : le *Grand-Saint-Bernard*, célèbre par son hospice; le mont *Rosa*, le plus élevé de tous (4636 m.); le mont *Cervin*, presque inaccessible; le *Simplon*, traversé par une belle route que les Français ont faite; le *Saint-Gothard*, souvent compris, avec des montagnes voisines, sous le nom d'*Adula*, et percé par un tunnel de chemin de fer; le *Finster-Aarhorn;* le pic de la *Vierge (Jungfrau)*. — Le *Rigi*, qui appartient à un rameau des Alpes, s'élève au centre même de la Suisse.

Les principaux sommets du Jura suisse sont la *Dôle*, le mont *Tendre*, la *Dent de Vaulion*.

La Suisse est entrecoupée d'un grand nombre de cours d'eau, qui forment de belles cascades et des lacs renommés par les agréments de leurs rives. Le *Rhin* parcourt le N. E. du pays et produit le grand lac de *Constance*. Le *Rhône* coule dans le S. O., et forme le beau lac *Léman* ou de *Genève*. L'*Aar* arrose l'O. et le N., et se perd dans le Rhin; cette rivière donne naissance aux lacs de *Brienz* et de *Thun*, et reçoit, à l'E., la *Reuss*, qui forme le lac de *Lucerne* ou des *Quatre-Cantons*, et la *Limmat*, qui traverse le lac de *Zürich;* — à l'O., elle reçoit les eaux des lacs de *Bienne*, de *Neuchâtel* et de *Morat*.

La Suisse est une république, composée de 22 cantons confédérés. On en trouve 6 au N. : *Bâle, Soleure, Argovie, Zürich, Schaffhouse* et *Thurgovie;* — 5 au centre : *Lucerne, Zug, Unterwalden, Uri* et *Schwyz*, qui a donné son

Mont Cervin.

ÉTATS. 71

Fribourg.

nom à la Suisse; — 4 à l'E. : *Saint-Gall, Appenzell, Glaris* et les *Grisons*; — 2 au S. : le *Tessin* et le *Vallais*[1]; — 5 à l'O. : *Berne, Fribourg, Neuchâtel, Vaud* et *Genève*.

Les principales villes sont :

Au N., *Bâle*, en allemand *Basel*, sur le Rhin; — *Zürich* (57 000 h., avec ses faub.), dans une situation délicieuse, à l'endroit où la Limmat sort du lac de Zürich; — *Schaffhouse*, près d'une magnifique cataracte du Rhin.

Au centre, *Lucerne*, à l'endroit où la Reuss sort du lac des Quatre-Cantons; — *Zug*, près du mont *Morgarten*, où les Suisses remportèrent une célèbre victoire sur les Autrichiens en 1315; — *Altorf*, qui rappelle Guillaume Tell.

A l'E., *Saint-Gall*, — et *Coire*, chef-lieu des Grisons.

Au S., *Sion*, chef-lieu du Vallais.

A l'O., BERNE, belle ville de 36 000 habitants, capitale de la confédération, sur l'Aar; — *Neuchâtel*; — *La Chaux-de-Fonds* (horlogerie); — *Fribourg*; — *Gruyères*, connue par ses fromages; — *Lausanne*, chef-lieu du canton de Vaud, dans une charmante contrée, près du lac Léman; — *Genève* (47 000 habitants, et, avec ses faubourgs, 68 000 hab.), la plus grande ville de Suisse, située à l'endroit où le Rhône sort de ce lac, et fameuse par son commerce, ses fabriques d'horlogerie, la culture des lettres et des sciences, les grands hommes qu'elle a produits.

Chaque canton de la Suisse forme une petite république particulière et indépendante; il y a cependant quelques cantons qui sont partagés en deux ou trois États; et, en réalité, il y a 27 républiques. Ce qui intéresse la confédération en général est réglé par l'Assemblée fédérale, qui siège à Berne.

Les Suisses sont au nombre d'environ 2 900 000. Ils parlent allemand dans la plus grande partie du pays, français dans les cantons qui avoisinent la France, italien dans le voisinage de l'Italie. Le roman, langue dérivée du latin, se parle dans une partie des Grisons. Le calvinisme est la religion la plus répandue. La religion catholique est professée par les cantons du centre et du sud.

Chemins de fer suisses : 2500 kil.

1. Orthographe préférable à *Valais*, qu'on emploie plus habituellement.

ITALIE

L'Italie est située au S. de la Suisse, au S. O. de l'Autriche-Hongrie et au S. E. de la France, dont elle est séparée par les Alpes. Elle se compose, en grande partie, d'une presqu'île longue et étroite, resserrée entre la mer Adriatique à l'E., la mer Tyrrhénienne à l'O. et la mer Ionienne au S., trois mers qui sont des divisions de la Méditerranée. — Lat. moy.: 42°.

La presqu'île Italique a grossièrement la forme d'une botte. Au S. E., entre le bout du pied, qui est formé de la *Calabre*, et le talon, qui est la presqu'île d'*Otrante* et dont l'extrémité est marquée par le cap de *Leuca*, se trouve le grand golfe de *Tarente*. Le promontoire du mont *Gargano*, qui s'avance dans la mer Adriatique, est comme un éperon de cette botte.

Au N. O., on voit le golfe de *Gênes*. Au N. E., les golfes de *Venise* et de *Trieste* sont formés par la mer Adriatique.

L'Italie est célèbre par la beauté de son climat, la fertilité de son sol, la variété de ses sites enchanteurs et le grand nombre de ruines intéressantes qu'elle présente partout. Elle a malheureusement quelques cantons très malsains, tels que les marais *Pontins*, sur la côte occidentale, et les lagunes de *Comacchio*, sur la côte orientale. Le *scirocco*, vent du midi suffocant et dangereux, règne assez souvent.

Les *Alpes*, qui bordent ce pays au N. O. et au N., y montrent des sommets couverts de neiges continuelles. On y distingue surtout le mont *Blanc* (4810 mètres); le mont *Cenis*, où Napoléon Ier établit une route célèbre; le mont *Tabor*, près duquel un long tunnel donne passage à un chemin de fer; le mont *Rosa*, etc.

Les *Apennins*, qui se rattachent aux Alpes, parcourent l'Italie dans sa longueur.

Sur la côte occidentale est le *Vésuve*, volcan célèbre qui a englouti plusieurs villes sous ses laves et ses cendres.

Les Apennins et une portion des Alpes divisent l'Italie en deux grands versants : l'un exposé à l'E. et au S. E., vers la mer Adriatique et la mer Ionienne; l'autre incliné à l'O., vers la mer Tyrrhénienne, la Méditerranée proprement dite et le golfe de Gênes. Sur le premier, on ne trouve que deux fleuves principaux, l'*Adige* et le *Pô*, grossi d'un grand nombre de rivières, telles que le *Tessin*, qui forme aux pied des Alpes le charmant lac *Majeur*; l'*Adda*, qui produit le lac de *Côme*, très beau aussi; l'*Oglio*, qui donne naissance à celui d'*Iseo*, et le *Mincio*, qui sort du grand lac de *Garde*.

Sur le versant occidental, on remarque l'*Arno*, qui arrose une contrée agréable et fertile; le *Tibre* (en italien *Tevere*), célèbre parce qu'il baigne les murs de Rome; le *Vulturne* ou *Volturno*, qui parcourt les belles plaines de l'ancienne Campanie. — Entre l'Arno et le Tibre, on rencontre le lac de *Pérouse*, fameux autrefois sous le nom de *Trasimène*. — Au centre même de l'Italie, sur un plateau entouré de tous côtés par les Apennins, on voyait le lac *Fucino* ou de *Celano*, dont on a opéré le desséchement.

Au S., est la grande île de *Sicile*, séparée du continent par le détroit nommé *Phare de Messine*, où l'on trouve le gouffre de *Charybde* et le rocher de *Scylla*. Elle est terminée par trois caps remarquables : le cap *Faro*, au N. E.; le cap *Passaro*, au S. E., et le cap *Boeo*, à l'O.

Le sol est généralement fertile, et le climat favorable aux fruits les plus délicieux; mais c'est un pays mal cultivé.

La Sicile renferme le mont *Etna*, volcan terrible, de 3237 mètres d'altitude, sur la côte orientale.

Près et au N. de cette île, sont celles d'*Éole* ou de *Lipari*, volcaniques aussi.

L'île de *Malte*, remarquable par sa nombreuse population et soumise à l'Angleterre, ainsi que deux petites îles voisines, se trouve au S. de la Sicile.

A l'O. de la mer Tyrrhénienne et au S. de la Corse, on voit l'île de *Sardaigne*, qui fait aussi partie de l'Italie. Elle est fertile, mais mal cultivée et peu peuplée. On pêche abondamment, sur ses côtes, des thons et des sardines.

Après avoir formé longtemps une dizaine d'États différents, l'Italie est devenue une monarchie unique, qui a pris le nom de *royaume d'Italie*, et dont les États sardes ont été le noyau. Il n'est resté, en dehors de ce royaume, que la république de *St-Marin* et l'île anglaise de *Malte*. Les États de l'Église

Venise.

qui avaient conservé leur indépendance par l'aide de la France, ont été annexés en 1870.

Le ROYAUME D'ITALIE comprend 12 grandes divisions :

1° On remarque, au N. O., le *Piémont*, où s'étendent des plaines fertiles en grains et en pâturages. On y trouve : *Turin*, grande et belle ville de 200 000 habitants, qui a été d'abord la capitale de la monarchie, et qui est agréablement placée au confluent du Pô et de la Doire Ripaire. — *Alexandrie*, place très forte, près de laquelle est le village de *Marengo*, illustré par une victoire des Français en 1800. — *Novare* (victoire des Autrichiens en 1849); *Verceil, Asti, Coni, Mondovi* (victoire des Français en 1796).

2° Le territoire de *Gênes*, ou la *Ligurie*, sur la Méditerranée, fournit d'excellents fruits et de très beaux marbres. La ville de *Gênes*, peuplée de 140 000 âmes, célèbre port de mer, a été autrefois une puissante république, et on l'a surnommée la *Superbe*, à cause de la magnificence de ses nombreux palais. Elle se glorifie d'être la patrie de Christophe Colomb. — *Savone* est sur la côte occidentale du golfe de Gênes.

3° La *Lombardie*, enlevée à l'Autriche en 1859, est composée généralement de vastes et fertiles plaines. *Milan*, belle ville de 260 000 âmes (avec ses faub.), est la capitale de ce pays. — On y remarque aussi *Pavie* (défaite de François Ier en 1523), *Crémone, Côme, Bergame, Brescia*, assez grandes villes ; — *Lodi, Magenta, Turbigo, Marignan* ou *Melegnano, Castiglione* et *Solferino*, célèbres par des victoires des Français ; — *Mantoue* et *Peschiera*, places fortes, sur le Mincio.

4° La *Vénétie*, qui formait, avec la Lombardie, sous le gouvernement autrichien, le *royaume Lombard-Vénitien*, a été cédée par l'Autriche en 1866. Elle s'étend du Pô aux Alpes, et depuis le Mincio et le lac de Garde, à l'O., jusqu'à la mer Adriatique, à l'E. Elle renferme : *Venise* (130 000 habitants), autrefois république fameuse, au milieu des lagunes auxquelles elle donne son nom ; — *Padoue* ; — *Vicence* ; — *Vérone, Legnago*, sur l'Adige, places fortes renommées ; —*Trévise* ; — *Udine* ; — *Rivoli*, célèbre par une victoire des Français en 1797 ; — *Campo-Formio*, par un traité de la même année ; — *Villafranca*, par un autre

Rome. — Vatican, Saint-Pierre.

traité, en 1859 ; — *Custoza*, par des batailles entre les Autrichiens et les Italiens en 1848 et 1866.

5° L'***Émilie*** comprend les anciens duchés de *Parme* et de *Modène*, et la *Romagne*, qui s'est séparée des États de l'Église en 1860. Le sol est riche en vins, en céréales, en pâturages. Les villes principales sont : *Parme* ; — *Plaisance*, place très forte, au confluent de la Trebbia et du Pô ; — *Modène*, très belle ville ; — *Reggio*, patrie de l'Arioste ; — *Massa* ; — *Carrare*, renommée par ses marbres ; — *Bologne*, qui a une célèbre université ; — *Ferrare*, *Ravenne*, *Rimini*, *Forli*.

6° La ***Toscane***, ancien grand-duché, a été réunie aux États sardes en 1860. C'est un pays bien cultivé et très industrieux : il est fertile et agréable au centre et à l'E. ; mais, à l'O., les *Maremmes*, qui bordent la mer, sont marécageuses et malsaines. Les monts Apennins couvrent la Toscane au N. et à l'E. Ce pays a pour villes principales : au N., *Florence* (167 000 hab.), qui a été la capitale du royaume pendant plusieurs années ; située dans une vallée délicieuse, sur l'Arno, et célèbre par la culture des arts, des sciences et des lettres, par le séjour de l'illustre famille des Médicis, et par la naissance de Dante, de Michel-Ange, d'Améric Vespuce et d'autres grands hommes ; — au S., *Sienne* ; — à l'O., *Pise*, autrefois puissante république, et *Livourne*, port de mer fameux ; — au N. O., *Lucques*, qui a été capitale d'un duché de même nom.

L'île d'*Elbe*, connue par ses mines de fer et par le séjour de Napoléon Ier, est sur la côte de la Toscane.

7° L'***Ombrie***, couverte par les Apennins, a pour ville principale *Pérouse*.

8° Les ***Marches*** renferment *Urbin*, patrie du peintre Raphaël ; — *Ancône*, port fameux, sur la mer Adriatique ; — *Lorette*, célèbre par son sanctuaire de Notre-Dame.

9° Le territoire ***Romain*** comprend les ci-devant *États de l'Église*, qui étaient la possession temporelle du Pape, et qui se composaient, en dernier lieu, du *Patrimoine de Saint-Pierre* et de la *Campagne de Rome*. Ce territoire, situé entre les Apennins et la mer Tyrrhénienne, est assez fertile en céréales et en fruits. Il y a beaucoup de mines d'alun et de

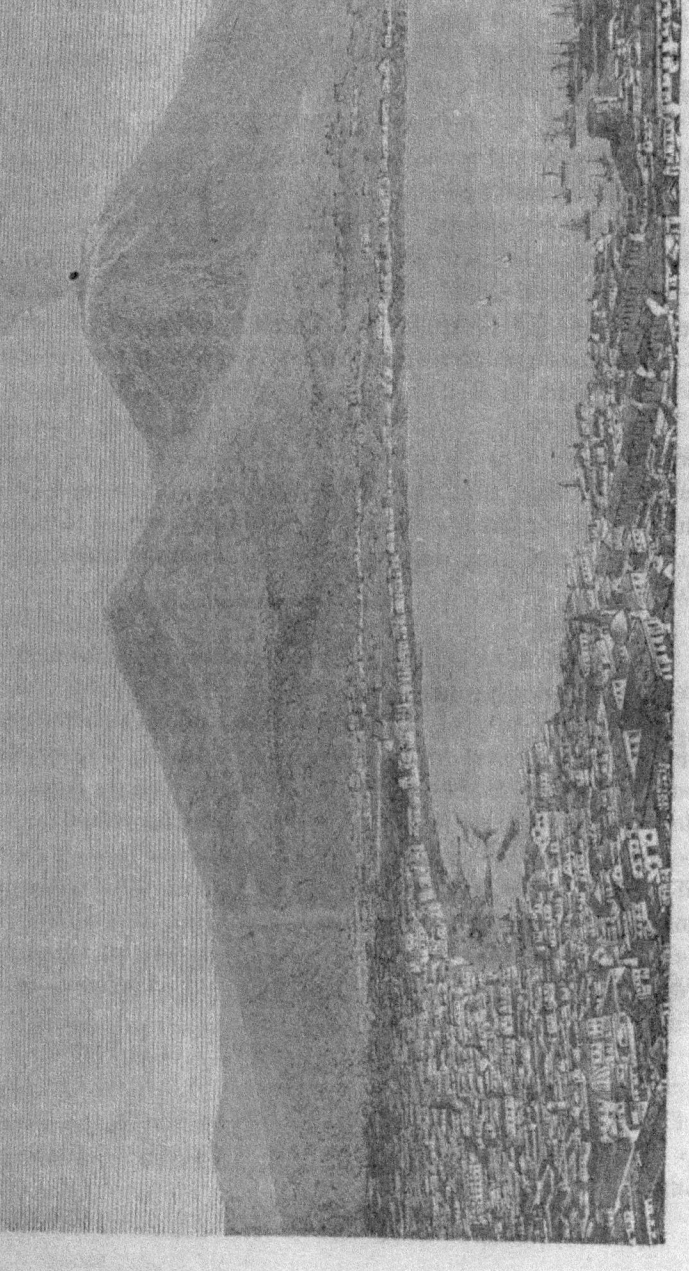

Naples.

soufre, et de gras pâturages y nourrissent des bœufs très beaux. Cependant le sol n'est pas aussi cultivé et aussi productif qu'il devrait l'être.

Ce pays renferme une contrée célèbre dans l'antiquité sous le nom de *Latium*.

Là se trouve ROME, sur le Tibre, la capitale de l'Italie, et en même temps la métropole du culte catholique, car elle est résidence du Pape. Autrefois la plus puissante ville du monde, elle est remplie de monuments qui attestent son ancienne grandeur; son plus bel édifice moderne est l'église de Saint-Pierre. Cette illustre cité, quoique très étendue, ne contient que 250 000 hab. — On remarque encore : *Tivoli*, dans une position charmante, sur le Teverone ; — *Civita-Vecchia*, port de Mer ; — *Viterbe*, près du lac de Bolsena.

10° Le territoire **Napolitain** (ancien *royaume de Naples*) occupe toute la partie méridionale de l'Italie. C'est un pays fort beau, mais sujet aux tremblements de terre et à l'influence funeste du *scirocco*. La soie, le coton, le vin, la manne, la réglisse, des fruits délicieux, en sont les principales productions.

Il renferme :

Au N., les *Abruzzes* et la *Molise* ou *Sannio*, qui remplacent une partie de l'ancien *Samnium*.

A l'O., la *Terre de Labour*, qui répond à l'ancienne et riche *Campanie*, et où l'on remarque *Caserte*, *Capoue*, le port et la place très forte de *Gaëte*; — la province de *Naples*, dont le chef-lieu est la grande et belle ville de même nom, peuplée de 450 000 âmes, dans une magnifique position, sur le golfe de Naples, à peu de distance du Vésuve, qui a englouti sous ses cendres et ses laves, en l'an 79, les villes d'*Herculanum* et de *Pompeii*; — les *Principautés*, où l'on voit *Salerne*, sur le golfe de même nom, et *Avellino*, dans l'intérieur.

A l'E., la *Capitanate*, la *Terre de Bari* et la *Terre d'Otrante*, comprises autrefois ensemble sous le nom de *Pouille*, et dont *Tarente* est une des villes les plus célèbres.

Au S., la *Basilicate* et la *Calabre*, dans laquelle est *Reggio*, sur le Phare de Messine.

11° La **Sicile** formait, avant 1860, avec le royaume de

Naples, le royaume des *Deux-Siciles*. — *Palerme*, ville de 230 000 habitants, sur la côte septentrionale, est la capitale de cette île. — *Messine*, au N. E., se trouve sur le détroit auquel elle donne son nom. — *Catane* est sur la côte orientale. — *Siracusa*, au S. E., n'occupe qu'un très petit espace de l'ancienne ville de *Syracuse*. — *Girgenti*, au S. O., est une ville bien déchue, bâtie sur les ruines de l'ancienne *Agrigente*. — A l'O., on remarque *Trapani*.

12° L'*île de Sardaigne* a pour chef-lieu *Cagliari*, sur la côte méridionale ; — autre ville, *Sassari*, au N.

La petite RÉPUBLIQUE DE SAINT-MARIN, enclavée dans les Marches, a une capitale de même nom.

Les ÎLES DE MALTE, composées de *Malte proprement dite*, de *Comino* et de *Gozzo*, appartiennent à l'Angleterre. Leur capitale est *la Valette*, une des places les plus fortes de l'Europe.

Les Italiens professent la religion catholique, et sont au nombre de 28 millions, répandus sur un territoire de 296 000 kil. carrés (un peu plus de la moitié de la France). C'est un des pays les plus peuplés de l'Europe.

Le royaume d'Italie est une monarchie constitutionnelle : le pouvoir du roi est limité par le Sénat et la Chambre des députés.

Chemins de fer italiens : 9000 kil.

ESPAGNE

L'ESPAGNE forme, avec le Portugal, la péninsule *Hispanique*, située à l'extrémité S. O. de l'Europe, et qui, bornée au N. E. par la France, est entourée, des autres côtés, par la Méditerranée et l'océan Atlantique. Le détroit de *Gibraltar*, qui unit ces deux mers, sépare la pointe méridionale de la péninsule de la pointe N. O. de l'Afrique : il s'appelait anciennement *détroit d'Hercule*, et c'est là que se trouvaient les fameuses *Colonnes d'Hercule*. — Le cap *Finisterre* forme l'extrémité N. O. de cette presqu'île ; le cap *da Roca* en est le point le plus occidental, le cap *Saint-Vincent* l'extrémité

S. O., la pointe de *Tarifa* le point le plus méridional ; le cap de *Creus* la termine au N. E. — Latitude moyenne : 42°.

L'Espagne a une température très chaude à l'E. et au S., douce et agréable à l'O. Elle offre au milieu un plateau très élevé, où l'on éprouve quelquefois des froids assez vifs.

Il y a beaucoup de montagnes : les *Pyrénées* séparent l'Espagne de la France ; les monts *Cantabres*, qui s'étendent dans le N. O., tirent leur nom d'un ancien peuple très belliqueux ; les monts *Ibériques* s'avancent du N. au S., dans l'intérieur du pays, où s'étendent aussi les vastes plateaux de la *Castille* ; au S., s'élève la *Sierra Nevada* ; dans le S. O., la *Sierra Morena*.

Les monts Ibériques, la Sierra Nevada et des montagnes qui la continuent, partagent l'Espagne en deux grands versants : 1° celui de l'E., exposé vers la Méditerranée, et arrosé par deux fleuves principaux : l'*Èbre* et le *Jucar* ; — 2° celui de l'O., incliné vers l'Atlantique, et arrosé par le *Miño* ou *Minho*, le *Duero* ou *Douro*, le *Tage*, la *Guadiana* et le *Guadalquivir*.

L'Espagne continentale est divisée en 47 provinces, qui portent généralement le nom du chef-lieu. Ces provinces sont réparties en 13 capitaineries générales, portant les noms des anciennes grandes provinces qui ont formé autrefois autant de royaumes distincts.

Voici ces anciennes grandes provinces :

Au N. O., on remarque : 1° La GALICE, habitée par un peuple robuste, laborieux, plein de courage et de probité. Les villes principales y sont : *Santiago* ou *Saint-Jacques de Compostelle*, célèbre par sa double cathédrale et par un pèlerinage ; *la Corogne* et *le Ferrol*, ports de mer importants. — 2° Les ASTURIES, pays montagneux, dont la capitale est *Oviédo*. — 3° Le ROYAUME DE LÉON, dont les villes principales sont *Léon*, intéressante par sa belle cathédrale ; *Salamanque*, par son université.

Au N., se trouvent : 1° La VIEILLE-CASTILLE, riche en blé et en pâturages qui nourrissent des mérinos superbes. Les villes les plus considérables y sont : *Burgos*, patrie du Cid ; *Ségovie*, dont les draps sont renommés, et *Valladolid*. — 2° Les trois PROVINCES BASQUES (c'est-à-dire la *Biscaye*, le

Madrid.

Guipuzcoa et l'*Alava*) riches en mines de fer, et habitées par des hommes vigoureux, fiers et industrieux. Les principales villes sont *Bilbao*, *Saint-Sébastien*, port de mer, et *Vitoria*. — 3° La NAVARRE, hérissée de montagnes, et dont la capitale est *Pampelune*, place forte.

Au N. E., on distingue : 1° L'ARAGON, dont *Saragosse*, grande ville, sur l'Èbre, est la capitale. — 2° La CATALOGNE, qui possède la population la plus active de l'Espagne, et qui a pour capitale *Barcelone*, célèbre place forte et maritime, sur la Méditerranée, avec 215 000 âmes. On y remarque aussi *Lerida*; *Girone*; *Tarragone*, sur la mer; *Reus*, qui a de nombreuses manufactures; *Tortose*, sur l'Èbre.

Au centre, est la NOUVELLE-CASTILLE, qui forme un haut plateau, généralement d'un aspect un peu triste, et où sont élevés de nombreux mérinos. Les habitants parlent l'espagnol le plus pur. On y rencontre : MADRID, capitale de l'Espagne, belle et grande ville, située sur le Manzanarès, et peuplée de 370 000 âmes ; — *Tolède*, intéressante par son ancienne importance, sur le Tage ; — *Ciudad-Real*, vers le S., dans le pays de la *Manche*; — *Aranjuez*, le *Pardo*, *l'Escurial*, avec de célèbres châteaux royaux.

A l'E., se trouve le ROYAUME DE VALENCE, qui offre des campagnes riantes et fertiles, mais exposées au vent brûlant nommé *solano*. Les principales villes sont : *Valence*, surnommée *la Belle*, remarquable par sa délicieuse position et ses manufactures de soieries; — *Alicante*, située sur la Méditerranée et célèbre par ses vins; — *Orihuela*, surnommée le *Jardin de l'Espagne*.

Au S., on voit : 1° Le ROYAUME DE MURCIE, qui jouit d'un ciel presque toujours serein, et dont les villes principales sont *Murcie*, dans l'intérieur du pays, et *Carthagène*, port de mer important, sur la Méditerranée; — 2° L'ANDALOUSIE, qui abonde en fruits précieux, tels qu'oranges, citrons, limons, olives, grenades, raisins. Les lieux les plus célèbres y sont : *Séville* (118 000 habitants), belle ville, sur le Guadalquivir; — *Cadix*, place forte et port de mer, à l'extrémité N. O. de l'île de *Léon*, située dans l'océan Atlantique; — *Cordoue*, sur le Guadalquivir, grande et florissante lorsque les Maures possédaient le sud de l'Espagne; — *Xerez*, connue par ses vins; — *Grenade*, située dans une délicieuse vallée, et ornée de magnifiques monuments élevés par les Maures; — *Malaga*, renommée par ses vins; — *Gibraltar*, forteresse fameuse, possédée par les Anglais, et située sur une petite presqu'île qui s'avance dans le détroit de Gibraltar.

A l'O., est L'ESTRÉMADURE, très fertile en blé et surnommée le grenier de l'Espagne : *Badajoz*, sur la Guadiana, en est la capitale. On y remarque *Merida* (l'ancienne *Emerita Augusta*), avec de magnifiques ruines romaines.

A l'E. de l'Espagne, dans la Méditerranée, sont les ÎLES BALÉARES, fertiles en bons fruits, et au nombre de trois principales : *Majorque*, *Minorque* et *Ivice*. *Palma*, dans l'île Majorque, est le chef-lieu de la province que forme cet archipel. *Mahon* ou *Port-Mahon* est la ville principale de Minorque.

Les îles CANARIES, dans l'Atlantique, près de l'Afrique, composent une autre province espagnole.

Ces deux provinces portent le nom d'*Iles Adjacentes*.

L'Espagne renferme 16800000 habitants. La religion catholique y domine. Le gouvernement, après avoir été une république, en 1873 et 1874, est redevenu monarchique; les assemblées qui représentent le pays s'appellent *Cortès*.

Les possessions espagnoles hors de l'Europe se composent des îles *Canaries*, de l'île *Fernan-do-Po* et de celle d'*Annobon*, en Afrique; — de *Ceuta*, et de quelques autres places fortes sur la côte du Maroc, aussi en Afrique; — de *Cuba* et de *Puerto-Rico*, dans les Antilles, en Amérique; — des îles *Philippines* et *Mariannes*, dans l'Océanie.

Entre l'Espagne et la France, au milieu des Pyrénées, est la petite république d'**Andorre**, placée sous la protection de la France et de l'Espagne. La capitale est *Andorre*.

Chemins de fer espagnols : 6200 kil.

PORTUGAL

Le PORTUGAL est un petit royaume situé à l'O. de l'Espagne. Il s'étend du N. au S., le long de l'océan Atlantique. — Latitude moyenne : 39°.

Le climat en est doux et salubre, et le sol fertile. Le pays est entrecoupé de vallées riantes, de coteaux agréables et de montagnes, dont les plus remarquables forment la *Serra da Estrella*, vers le nord et le centre du royaume.

Le *Minho*, au N., sépare le Portugal de la Galice. Le *Douro* et le *Tage* le traversent au milieu, et la *Guadiana* l'arrose au S. E.

La capitale de ce royaume est LISBONNE, grande et très belle ville, avec un vaste port, à l'embouchure du Tage. Elle renferme 265 000 âmes. C'est le chef-lieu de la province d'*Estrémadure*, où l'on remarque encore *Setuval*, port de mer.

Coïmbre, au N. de Lisbonne, est la ville principale de la province de *Beira*, et possède une fameuse université.

Porto, ou *O Porto* (110 000 hab.), dans le N. du roy., à l'embouchure du Douro, est la plus grande ville de la province d'*Entre-Douro et Minho*, et fait commerce de vins renommés. Elle s'appelait autrefois *Portus-Calle*, et c'est de ce nom que vient celui de *Portugal*. — *Braga* se trouve dans la même province.

Bragance, dans le N. E., est dans la province de *Traz-os-Montes*.

A l'extrémité méridionale du Portugal, est la province d'*Algarve*.

Le gouvernement est monarchique; il y a deux chambres, appelées *Cortès*. La religion est le catholicisme. Ce pays compte 4 500 000 habitants.

Le Portugal a eu d'immenses possessions, telles que le Brésil et une grande partie de l'Inde. Mais aujourd'hui ses domaines hors de l'Europe sont bien réduits. Les îles *Açores* et *Madère*, qui se rattachent à l'Afrique, ne sont pas considérées comme colonies, mais font partie intégrante de la métropole, sous le nom d'*Iles Adjacentes*. Les colonies proprement dites se composent du *Mozambique*, de l'*Angola*, de la *Sénégambie portugaise*, des îles du *Cap-Vert*, de l'île du *Prince* et de celle de *Saint-Thomas*, en Afrique ; — de *Goa* et de quelques autres établissements, dans l'Hindoustan ; — de *Macao*, en Chine ; — de quelques établissements à *Timor*, dans l'Océanie.

Chemins de fer portugais : 1200 kil.

GRÈCE

La GRÈCE ou HELLAS (ou Hellade), longtemps soumise à l'empire Turc, forme aujourd'hui un royaume indépendant, renfermé entre l'Archipel, à l'E., la mer Ionienne, à l'O. et au S., et la Turquie au N. — Latitude moyenne : 38°.

La Grèce continentale se compose de deux parties : la *Grèce septentrionale* et la presqu'île de *Morée* (l'ancien *Péloponnèse*) : ces deux parties sont unies l'une à l'autre par l'isthme de *Corinthe*, resserré entre le golfe de *Lépante* (anciennement de *Corinthe*), à l'O., et celui d'*Athènes* ou *Égine* (l'ancien golfe *Saronique*), à l'E.

Peu de contrées ont des côtes aussi découpées : de toutes parts se présentent, en Grèce, des presqu'îles et des golfes. — A l'E., on voit la presqu'île d'*Attique*, le golfe d'*Athènes*, celui de *Nauplie* ou d'*Argolide*, la presqu'île d'*Argolide* ; — au S., les golfes de *Laconie* et de *Messénie*, la presqu'île de *Monembasie*, celle du *Magne* ou *Maïna*, avec le cap *Matapan* (l'ancien promontoire *Ténare*), qui est une des pointes les plus australes du continent européen ; la presqu'île de *Messénie* ; — à l'O., outre le golfe de *Lépante*, le golfe d'*Arcadia* ou de *Cyparisse* et celui de l'*Arta*.

La chaîne *Hellénique* parcourt toute la Grèce du N. au S. Ses principales parties sont le *Pinde*, le *Guiona*, le *Parnasse*, l'*Hélicon*, le *Cithéron* ; parmi ses branches, on remarque l'*Olympe*, sur la frontière N., l'*Ossa*, le *Pélion*, l'*Œta*, qui forme, avec l'Archipel, le fameux défilé des *Thermopyles* ; l'*Hymette*, connu par son excellent miel ; le *Cyllène*, le *Lycée*.

On voit couler à l'E. de la chaîne Hellénique, la *Salemvria* (anc. *Pénée*), le *Céphisse*, qui se rend dans le lac *Topolias* ou de *Livadie* (anciennement *Copaïs*). Le *Permesse*, ruisseau fameux dans l'antiquité, se jette dans le même lac. Le *Céphise* est un autre ruisseau, célèbre parce qu'il passe à Athènes.

A l'O., on remarque l'*Arta*, qui se jette dans le golfe du même nom (anc. golfe d'*Ambracie*) ; l'*Aspropotamo* (l'anc. *Achéloüs*) ; la *Rouphia* (*Alphée*), le plus grand cours d'eau de la Morée ; au S., l'*Iri* (*Eurotas*), qui baignait les murs de Sparte.

La Grèce offre des aspects variés, des points de vue admirables. Le climat est doux et généralement salubre ; cependant quelques parties des côtes maritimes et les rives du lac Topolias sont marécageuses et malsaines. L'agriculture est fort négligée, et cette contrée, quoique fertile, offre presque partout une population très pauvre. L'olivier abonde ; il y a des vins et des raisins renommés, des cédrats, des limons, des oranges, du coton.

La Grèce a été augmentée, il y a quelques années, des îles *Ioniennes*, et, plus récemment (par les conférences de Berlin), de la *Thessalie* et de l'*Épire*. Sans ces trois annexions, elle est divisée en dix *nomes* ou départements, qui sont : dans la Grèce septentrionale, ceux d'*Attique-et-Béotie*, de *Phthiotide-et-Phocide*, d'*Acarnanie-et-Étolie* ; — dans la Morée, ceux d'*Argolide-et-Corinthie*, d'*Akhaïe-et-Élide*, d'*Arcadie*, de *Messénie*, de *Laconie* ; — dans l'Archipel, ceux d'*Eubée* et des *Cyclades*.

ATHÈNES (50 000 hab.), capitale de la Grèce, est située près du golfe auquel elle donne son nom. Parmi les vestiges de l'ancienne splendeur de cette illustre cité, on distingue l'Acropolis ou citadelle, et le Parthénon ou temple de Minerve. — La petite ville du *Pirée* lui sert de port.

On rencontre encore dans la Grèce septentrionale, *Livadie*, près du lac de ce nom ; — *Lépante* (l'ancienne *Naupacte*), vers l'entrée du golfe de même nom ; — *Missolonghi* ou *Mésolonghi*, fameuse par le siège qu'elle soutint contre les Turcs en 1826.

Près de la côte de l'Attique, on trouve, dans le golfe d'Athènes, l'île de *Colouri* (anciennement *Salamine*) et celle d'*Égine* ou *Enghia*.

Dans la Morée, on distingue : *Patras*, port commerçant, sur le golfe de même nom ; — *Nauplie de Romanie*, place très forte et port très important, sur le golfe de Nauplie ou d'Argolide ; — *Corinthe*, située près et au S. O. de l'isthme auquel elle donne son nom, vers le fond du golfe de Lépante ; — *Tripolitza* ou *Tripolis*, au centre de la presqu'île, vers l'emplacement de l'ancienne *Mantinée* ; — *Arcadia* ou *Cyparisse*, sur le golfe du même nom ; — *Navarin*, avec un vaste port, dans lequel les flottes française, anglaise et russe remportèrent une grande victoire sur la flotte turco-égyptienne,

Athènes. — Le Parthénon.

en 1827; — *Sparta*, petite ville nouvelle, bâtie sur les ruines de l'ancienne *Sparte*; — *Mistra*, très près des mêmes ruines; — *Monembasie* ou *Nauplie de Malvoisie*, vers l'extrémité S. E. de la Morée.

La plus grande île de la Grèce est *Eubée*, *Egripos* ou *Négrepont*, avec la ville de *Nègrepont* ou *Khalcis*, chef-lieu du département d'Eubée, sur le détroit d'*Euripe*, qui sépare cette île de l'Attique.

Les *Cyclades* (c'est-à-dire les îles *rangées en cercle*) sont fort nombreuses. On y remarque *Tino* (anciennement *Ténos*), la plus verdoyante de ces îles, et riche en bons vins; — *Sdili*, îlot montagneux et stérile, qui est l'antique *Délos*; — *Syra* (*Syros*), où se trouve l'importante ville maritime d'*Hermopolis* ou *Syra*, chef-lieu du département des Cyclades; — *Naxie* ou *Naxos*, la plus grande de ces îles; — *Paro* (*Paros*), riche en beaux marbres; — *Milo* (*Mélos*), célèbre par les belles antiquités qu'on y a découvertes; — *Santorin* (*Théra*), riche en bons vins, souvent bouleversée par des tremblements de terre, et à côté de laquelle se sont élevées récemment plusieurs îlots volcaniques.

Les îles IONIENNES ou les SEPT ÎLES, répandues le long des côtes occidentales et méridionales de la Grèce, sont annexées à ce royaume depuis 1863. Elles formaient auparavant une petite république, sous la protection de l'Angleterre. Elles composent trois nomes.

On y compte environ 245 000 habitants, presque tous d'origine grecque.

Ces îles produisent des olives et du vin.

La plus septentrionale et la plus importante est *Corfou* (l'ancienne *Corcyre*), avec une ville de même nom. — On trouve, près et au S. E. de Corfou, l'île de *Paxo*, une des moins considérables de cet archipel.

Les autres sont : *Sainte-Maure* (l'ancienne *Leucadie*); — *Théaki*, petite île stérile, mais célèbre autrefois sous le nom d'*Ithaque*; — *Céphalonie* (anciennement *Céphallénie*), la plus grande des îles Ioniennes, et généralement belle et fertile; — *Zante* (l'ancienne *Zacynthe*), très riche en vin et en huile; — et, vers l'extrémité de la Morée, *Cérigo* (l'ancienne *Cythère*), avec un sol pierreux et aride.

La **Thessalie** est une belle province, qui renferme la pittoresque vallée de Tempé et qui a pour villes principales *Larisse* et *Tricala*.

L'**Epire** est aussi une très belle contrée, et a pour ville principale *Ianina*, sur un lac du même nom.

La Grèce a environ 2 millions d'habitants.

Le gouvernement est une monarchie constitutionnelle.

La religion grecque est celle de la majorité de la nation. Cependant il y a des catholiques dans plusieurs îles.

La langue grecque moderne est belle, et se rapproche beaucoup du grec ancien.

Chemins de fer grecs : 12 kil.

TURQUIE D'EUROPE

La TURQUIE D'EUROPE forme, avec la Grèce et les principautés de Roumanie, de Serbie, de Bulgarie et de Monténégro, la péninsule des Balkans, qui est au S. de l'empire Austro-Hongrois et au S. O. de la Russie. — Latitude moyenne : 42 degrés. Cette péninsule est, avec l'Espagne, la partie la plus méridionale de l'Europe.

La Turquie a été fort amoindrie par les traités de 1878 et les conférences de 1880. Au N., elle s'arrête au Grand Balkan; auparavant elle allait jusqu'au Danube. Au S., elle ne s'étend plus que jusqu'au mont Olympe.

La partie septentrionale, ou la plus large, est baignée à l'O. par la mer *Adriatique*, à l'E. par la mer *Noire* (*Pont Euxin*), le canal de *Constantinople* (*Bosphore de Thrace*), la mer de *Marmara* (*Propontide*) et le détroit des *Dardanelles* (*Hellespont*). La partie méridionale, très rétrécie, est située entre la mer *Ionienne*, à l'O., la Grèce, au S., et l'*Archipel* (mer *Égée*), à l'E. Cette dernière mer forme au N. O. le golfe de *Salonique*.

A côté du détroit des Dardanelles, se trouve la presqu'île de *Gallipoli* (l'ancienne *Chersonèse de Thrace*).

Dans le N., sont les hautes montagnes des *Alpes orientales*, du *Grand Balkan* (l'ancien *Hæmus*), du *Despoto-dagh* (ancien *Rhodope*), qui se dirigent de l'O. à l'E. et donnent naissance à de nombreux cours d'eau, entre autres à la *Maritza* (l'ancien *Hèbre*), tributaire de l'Archipel. — Au S., le sol est aussi couvert de montagnes, telles que le *Pinde*, qu'on remarque dans l'intérieur du pays, et, sur la côte de l'Archipel, le mont *Athos*, le mont *Olympe*.

Le climat des parties méridionales est doux, salubre et favorable à des productions précieuses, telles que le riz, le maïs, le sorgho, les oranges, les citrons, les grenades, les olives, les prunes, les melons, le vin, le coton, le tabac, les mûriers propres aux vers à soie ; mais l'agriculture est fort arriérée.

Ce pays n'est qu'une partie de l'*empire Turc* ou *Ottoman*, qui s'étend aussi en Asie et en Afrique. Mais dans cet empire si étendu il se trouve plusieurs contrées qui lui sont peu soumises.

La Turquie d'Europe renferme : 1° la *Romélie* ou *Roumélie*, qui se divise en deux parties : la *Roumélie méridionale et occidentale*, immédiatement soumise à la Turquie, et la *Roumélie orientale*, formant une principauté vassale ; 2° l'*Albanie*.

On peut y ajouter la *Bosnie*, qu'elle ne possède que nominalement, et l'île de *Candie*, qui ne se soumet qu'avec une grande difficulté.

La ROUMÉLIE, qui correspond à l'ancienne *Thrace* et à l'ancienne *Macédoine*, est le cœur de la Turquie, et s'étend entre le Balkan et l'Archipel. Elle renferme CONSTANTINOPLE, nommée en turc *Stamboul* (dans l'antiquité *Byzance*), capitale de l'empire Ottoman, et admirablement située à l'entrée méridionale du Bosphore de Thrace. Un bras du Bosphore, connu sous le nom de *Corne d'Or*, y forme un des ports les plus beaux et les plus sûrs du monde ; il sépare Constantinople des grands faubourgs de *Péra* et de *Galata*.

Parmi les principaux édifices, on remarque le sérail ou palais du sultan, entouré de hautes murailles percées de huit portes, dont une est célèbre sous le nom de *Sublime Porte*[1] ;

---

1. Voilà pourquoi, pour désigner le gouvernement turc, on dit souvent la *Sublime Porte*, ou simplement la *Porte*.

Constantinople.

on distingue aussi la mosquée de Sainte-Sophie. Cette capitale a environ 600 000 habitants (avec ses faubourgs).

Les autres villes les plus intéressantes de la Roumélie sont :

1° Dans la Roumélie méridionale et occidentale : *Rodosto*, sur la mer de Marmara ; — *Gallipoli*, sur la presqu'île de même nom ; — *Salonique* (anciennement *Thessalonique*), ville très commerçante, au fond du golfe de même nom ; — *Andrinople*, qui a 100 000 habitants et qui occupe une situation riante sur la Maritza ; — *Sérès*, dans un pays très riche en tabac et en coton.

2° Dans la Roumélie orientale : *Philippopoli*, cap. de cette principauté, sur la Maritza ; — *Slivno*, ville commerçante, près du Grand Balkan ; — *Bourgas*, port sur la mer Noire.

L'ALBANIE est une longue province qui s'étend du N. au S., entre la chaîne Hellénique, à l'E., et les mers Adriatique et Ionienne, à l'O. Elle correspond à une partie de l'ancienne *Illyrie*. Des montagnes la couvrent presque partout. Les villes principales sont *Scutari*, sur un lac de même nom ; et *Duratzo*, port célèbre autrefois sous le nom de *Dyrrachium*.

On a détaché de l'Albanie la province d'Épire pour la réunir à la Grèce (conférences de Berlin, en 1880).

La BOSNIE, sur laquelle la Turquie n'a plus qu'un droit nominal, puisqu'elle est occupée par des troupes autrichiennes, en vertu du traité de Berlin, en 1878, est une province montagneuse, à l'angle N. O. de la Turquie d'Europe ; elle est composée de la *Bosnie propre*, de la *Croatie turque*, de l'*Herzégovine* et de la *Rascie* ; la capitale de la Bosnie est *Bosna-Séraï* ou *Séraïévo*.

Au S. de l'Archipel et au S. E. de la Morée, la Turquie possède l'île de CANDIE ou CRITI (ancienne *Crète*), qui s'allonge de l'E. à l'O. et qui est le territoire le plus méridional de toute l'Europe (35° degré de latitude). C'est un pays fertile et beau, mais généralement pauvre aujourd'hui. Au centre s'élève le mont Ida.

La capitale est *Candie*, sur la côte septentrionale. On y remarque aussi le port commerçant de *la Canée*.

Gouvernement, religion, habitants de la Turquie.
— Les Turcs, qu'on appelle aussi *Osmanlis* ou *Ottomans*, sont mahométans de la secte d'Omar; la règle de leur foi est le *Koran*. Le gouvernement est monarchique constitutionnel. L'empereur, qui a le titre de *Sultan*, a souvent été désigné par les Européens sous le nom de *Grand Seigneur* ou de *Grand Turc*. Il est en même temps souverain pontife.

Le *grand vizir* est le lieutenant du sultan en tout ce qui concerne le pouvoir temporel, et le *grand mufti*, ou grand prêtre, en tout ce qui a rapport au spirituel. Les *oulémas* sont les docteurs chargés de l'interprétation du Koran.

On donne le nom de *Divan* au conseil d'État, composé du grand mufti, du grand vizir et d'autres ministres ou personnages importants.

Les peuples, les cultes et les langues sont très variés dans la Turquie d'Europe. Sur 5 à 6 millions d'habitants, il n'y a que 2 millions de *Turcs*. Les autres nations principales sont : les *Slaves* (dont font partie des *Bulgares* et des *Bosniaques* restés sous la domination turque); — les *Albanais* ou *Arnautes*; — les *Grecs* ou *Hellènes*. — Il y a aussi un assez grand nombre de *Juifs*, d'*Arméniens* et de *Bohémiens* ou *Tsiganes* (ces derniers venus probablement de l'Inde, et sans demeure fixe).

On ne compte que 3 millions de musulmans; il y a 3 millions de chrétiens, presque tous de la religion grecque.

Chemins de fer de la Turquie d'Europe (y compris la Bosnie) : 1200 kil.

Possessions hors d'Europe. — Les possessions que la Turquie a hors de l'Europe se divisent en possessions immédiates de l'empire et en territoires qui n'en reconnaissent que la suzeraineté.

Les premières composent la TURQUIE D'ASIE, où se trouvent : 1° l'*Asie Mineure*, c'est-à-dire l'Anatolie, la Caramanie, etc.; — 2° l'*Arménie turque*; — 3° le *Kurdistan* (l'anc. Assyrie); — 4° le *Djézireh* (Mésopotamie); — 5° l'*Irac-Arabi* (Babylonie); — 6° la *Syrie* (avec la Palestine).

Sont considérées, en Asie et en Afrique, comme comprises dans l'empire Ottoman, sans lui être directement soumises :

la principauté de *Samos;* l'île de *Chypre,* occupée par les Anglais; une partie de l'*Arabie;* l'*Égypte*; les régences de *Tripoli* et de *Tunis.*

ROUMANIE, SERBIE, BULGARIE, MONTÉNÉGRO.

La princip. de **Roumanie**, longtemps tributaire de la Turquie, est formée des princip. de *Moldavie* et de *Valachie*, situées sur la r. g. du Danube, et de la *Dobroudja*, située à droite.

La *Moldavie* est baignée au S. E. par le Danube, et séparée de la Russie à l'E. par le Pruth. Sa cap. est *Iassi* (90000 h.). On remarque, sur le Danube, le port commerçant de *Galatz*.

La *Valachie* est couverte au N. par les Carpathes et bordée par le Danube à l'O., au S. et à l'E. Sa cap. est *Bucarest*, cap. de toute la Roumanie, avec 220000 h. — A l'E., sur le Danube, on distingue *Braïla*, port commerçant. — La *Dobroudja* occupe une presqu'île formée entre la mer Noire et un détour du Danube. Le delta de ce fleuve, qui s'y trouve annexé, renferme le port de *Soulina*, à l'emb. de la branche du même nom.

La Roumanie a 5 millions d'h., de relig. grecque.

1400 kil. de ch. de fer.

La **Serbie** ou **Servie**, pays slave, qui a été aussi tributaire de la Turquie, s'étend à droite du Danube et de la Save, et a pour cap. *Belgrade*, à la jonction de ces deux cours d'eau. Cette princip. renferme un million et demi d'hab. Elle s'est augmentée récemment d'un territoire où se trouve *Nich*.

La **Bulgarie** est une principauté tributaire de la Turquie, constituée en 1878, et peuplée de 2 millions d'h. Elle est entre le Grand Balkan et le Danube. *Sophia* en est la capitale. Autres v. : au milieu, *Tirnova;* à l'O., *Plevna,* célèbre par un siège contre les Russes en 1877-78, et prise enfin par eux; — à l'E., *Choumla;* — *Varna*, port sur la mer Noire; — au N., le long du Danube, *Vidin, Roustchouk, Silistri*.

224 kil. de ch. de fer.

La petite princip. très montagneuse de **Monténégro**, entre la Bosnie et l'Albanie, a pour cap. *Danilovgrad* et pour ancienne cap. *Cettigue*. Elle vient d'acquérir une partie de la côte de l'Adriatique, avec le port d'*Antivari*.

RUSSIE

Cette contrée est la plus grande de l'Europe, dont elle occupe la partie orientale. Elle est baignée au N. par l'océan Glacial arctique, qui forme sur ses côtes un golfe profond appelé mer *Blanche*. — Elle est bornée au S. par les hautes montagnes du Caucase et par la mer *Noire*, dont un enfoncement remarquable prend le nom de mer d'*Azov*. — Au S. O., elle touche à la Roumanie, tributaire de la Turquie ; — à l'O., à l'Autriche et à la Prusse. La mer Baltique, qui la borne aussi de ce côté, produit deux grands avancements : le golfe de *Finlande* et le golfe de *Livonie* ou de *Riga*. — Au N. O., elle tient à la Suède et à la Norvège. — Au S. E., la mer Caspienne, et, à l'E., le fleuve Oural et les monts Ourals la séparent de l'Asie. — Latitude : entre 41° et 76° (la Nouvelle-Zemble comprise).

La Russie d'Europe offre presque partout de vastes plaines, qui sont, au N., froides et stériles, mais, dans l'intérieur, couvertes de grandes forêts, et fertiles en blé, lin, chanvre, etc., malheureusement quelquefois marécageuses ; au S., riches en pâturages ; au S. E., sablonneuses, désertes et imprégnées de sel. — Les seules montagnes remarquables qui rompent l'uniformité de ces plaines sont, au centre, les monts *Valdaï*, qui ne sont que des collines ou des plateaux ; au N. O., les *Alpes Scandinaves* ; au S. E., le *Caucase*, où se trouvent des sommets plus élevés que les Alpes ; à l'E., les monts *Ourals*, qui sont riches en mines d'or, de platine et de cuivre.

De grands fleuves parcourent la Russie d'Europe :

Au N., on voit la *Dvina septentrionale* et l'*Onéga*, qui vont se jeter dans la mer Blanche, et la *Petchora*, qui se perd directement dans l'océan Glacial. — Au centre et au S. E., coule le *Volga*, le plus long et le plus poissonneux des fleuves d'Europe : il se grossit de la *Kama*, de l'*Oka*, etc., et se rend dans la mer Caspienne par une foule d'embouchures. — Au S., le *Don*, que les anciens appelaient *Tanaïs*, se jette dans la mer d'Azov. — Le *Dniepr* (l'ancien *Borysthène*) et le *Dniestr* (l'ancien *Tyras*) parcourent le S. O., et débouchent dans la mer Noire. — A l'O., on remarque la *Dvina méridionale* ou *Duna*, qui se rend dans le golfe de Riga ; le *Niémen* et la *Vistule*, autres tributaires de la mer Baltique.

C'est dans la Russie que sont les plus grands lacs de l'Europe. Le plus vaste de tous est le *Ladoga*, d'où sort, vers le S. O., un large cours d'eau nommé *Néva*, tributaire du golfe de Finlande. Le lac *Onéga* est au N. E. du Ladoga ; le lac *Saïma*, au N. O. ; le lac *Ilmen*, au S., et le lac *Peipous*, au S. O.

La Russie d'Europe se divise en 60 gouvernements, sans compter le grand-duché de Finlande, la république militaire des Cosaques du Don et trois territoires caucasiens.

1° Au N., on remarque principalement le gouvernement d'*Arkhangel*, dont dépendent les îles froides et stériles de la *Nouvelle-Zemble* (ou plutôt *Novaïa-Zemlia*) et celles de *Vaigatch* et de *Kolgouev*.

2° Au N. O., on trouve : le grand-duché de *Finlande*, avec les îles d'*Aland*, la ville d'*Helsingfors*, capitale de ce grand-duché, et la ville d'*Abo* ; — le gouvernement de *Saint-Pétersbourg*, ou simplement *Pétersbourg*, avec la magnifique ville de SAINT-PÉTERSBOURG, capitale de l'empire Russe, située à l'embouchure de la Néva, et peuplée de 670000 habitants ; — le gouvernement d'*Esthonie* ou de *Revel* ; — le gouvernement de *Livonie* ou de *Riga*, dont le chef-lieu est la florissante ville de *Riga*, vers l'embouchure de la Dvina du sud : — le gouvernement de *Novgorod*, avec la très-ancienne ville de même nom, autrefois une des plus importantes de l'Europe.

3° A l'O., sont des gouvernements qui ont fait partie de la Pologne, tels que ceux de *Volhynie* et de *Podolie*, de *Vilna*, de *Vitebsk*, de *Kovno*, de *Minsk*, de *Grodno*, de *Varsovie*, de *Lublin*. Les sept derniers ont des villes de même nom, parmi lesquelles nous distinguons *Varsovie* (300000 hab.), située sur la Vistule, et qui a été la capitale du dernier royaume de Pologne ; *Lublin*, dans ce même royaume, et *Vilna*, capitale de l'ancienne Lithuanie.

4° Au centre, on remarque le gouv. de *Moscou*, avec la grande et magnifique ville de même nom, seconde capitale de l'empire, et peuplée de 600 000 habitants ; occupée par

ÉTATS. 99

Moscou.

les Français en 1812, et où commencèrent leurs désastres de Russie ; — le gouv. de *Toula*, dont le chef-lieu, nommé aussi *Toula*, est célèbre par ses manufactures d'armes ; — les gouv. d'*Orel*, de *Koursk*, de *Kalouga* et d'*Iaroslav*, avec d'importants chefs-lieux de même nom ; — le gouv. de *Vladimir*, etc.

5° Au S., sont le gouvernement de *Kiev*, avec la ville de même nom, qui a été l'une des premières capitales de la Russie ; — le gouvernement de *Poltava*, qui fut le théâtre d'une grande bataille gagnée en 1709 par Pierre le Grand, empereur de Russie, sur Charles XII, roi de Suède ; — le gouvernement de *Kharkov* ou d'*Ukraine*, très-fertile ; — celui de *Voronej*, avec une ville considérable de même nom ; — la *Bessarabie*, qui a pour ch.-l. *Kichénev*, et qui renferme aussi *Bender*, sur le Dniestr ; *Ismaïl* et *Kilia*, sur le Danube récemment reprises par les Russes à la Roumanie, à laquelle elles avaient été cédées en 1856 ; — le gouv. de *Kherson*, sur la mer Noire, où se trouve la v. du même nom et les ports fameux d'*Odessa* et de *Nikolaev* ; — le gouv. d'*Ékatérinoslav*, dont dépend le port de *Taganrog*, sur la mer d'Azov ; — le gouv. de *Tauride*, qui renferme la presqu'île de *Crimée*, montagneuse et agréable vers le S., mais basse et malsaine dans le N. ; l'isthme de *Pérékop* l'unit au continent ; sur la côte S. O., st *Sévastopol* (ou *Sébastopol*), célèb. par le siège de 1854-55.

6° A l'E., on distingue le gouvernement de *Kazan*, dont le chef-lieu, appelé aussi *Kazan*, a des fabriques renommées de cuir de Russie ; — le gouvernement de *Nijnii-Novgorod* ou *Nijégorod*, avec la commerçante ville de même nom, fameuse par ses foires ; — les gouvernements de *Simbirsk* et de *Saratov* ; — le gouvernement de *Perm*, riche en mines de cuivre, de platine et d'or ; — le gouvernement d'*Orenbourg*, avec une florissante ville de même nom.

7° Au S. E., on voit le pays des *Cosaques du Don* ; — le gouvernement d'*Astrakhan*, où le Volga se jette dans la mer Caspienne, et dont le chef-lieu est *Astrakhan*, port florissant sur le Volga, célèbre par son commerce de fourrures ; — la *Circassie* et le *Daghestan*, situés sur le versant septentrional du Caucase, et habités par un grand nombre de peuplades guerrières, qui ont longtemps résisté à la Russie, mais qui, aujourd'hui, sont toutes soumises.

L'empereur ou *tzar* de Russie a une autorité absolue. Il règne sur 88 millions de sujets, dont 78 millions dans la Russie d'Europe. — Une partie considérable des habitants de ce pays sont *d'origine slave;* on comprend dans cette famille les *Russes,* les *Polonais* et les *Ruthènes.* — On remarque ensuite : 1° les populations *d'origine finnoise,* au N. O. et dans les parties du centre qui avoisinent le N. ; on y comprend les *Finnois proprement dits,* les *Permiens,* les *Zirianes,* etc. ; — 2° les *Lithuaniens* ou *Lettons,* à l'O. ; — 3° les *Roumains,* au S. O. ; — 4° les *Allemands,* répandus dans les pays de la côte S. E. de la Baltique, et formant des colonies assez nombreuses dans la Russie méridionale ; — 5° les *Lapons* et les *Samoïèdes,* au N. ; — 6° les *Bachkirs,* à l'E. ; — 7° les *Cosaques,* au S. ; — 8° les *Tatares de Crimée* (d'origine turque), aussi au S. ; — 9° les *Kalmouks* (d'origine mongole), au S. E. ; — 10° les peuples *caucasiens* (*Circassiens* et autres), dans le Caucase.

La religion dominante est la *religion grecque,* une des trois grandes branches du christianisme. Il y a beaucoup de catholiques en Pologne. Les Juifs y sont assez nombreux.

Chemins de fer russes : 23 000 kil.

Les possessions de la Russie hors de l'Europe sont : 1° la *Sibérie,* le *Turkestan russe,* la *Mongolie russe,* la *Mandchourie russe,* dans le N. de l'Asie ; — 2° la *Transcaucasie,* dans l'O. de la même partie du monde, sur le versant méridional du Caucase, entre la mer Noire et la mer Caspienne.

RÉSUMÉ STATISTIQUE DES DIVISIONS DE L'EUROPE.

Environ 10 260 000 kilomètres carrés.

315 millions d'habitants.

	PAYS.	SUPERFICIE en kilom. carrés.	POPULATION absolue.	POPULATION relative. nomb. d'ha. par kil. c.	CAPITALES.	POPULAT. des capitales
Sur le versant océanique.	ILES BRITANNIQUES. Angleterre. Écosse. Irlande.	300 000	34 000 000	110	Londres. Édimbourg. Dublin.	3 500 000 230 000 315 000
	BELGIQUE	29 500	5 500 000	186	Bruxelles.	377 000 (avec les com. annex.)
	PAYS-BAS et LUXEMB.	34 000	4 000 000	118	Amsterdam.	300 000
	DANEMARK.	38 000	2 000 000	50	Copenhague	233 000
	MONARCH. SCAND. SUÈDE NORVÈGE	440 000 300 000	4 300 000 1 800 000	9 6	Stockholm. Christiania.	170 000 75 000
Sur les deux versants.	RUSSIE. (Y compris le grand-duché de Finlande).	5 870 000	76 000 000	13	Saint-Pétersbourg.	670 000
	EMPIRE AUSTRO-HONGROIS.	623 000	38 000 000	59	Vienne.	1 000 000 (avec les annexes.)
	EMPIRE D'ALLEMAGNE (Prusse, Bavière, etc.).	545 000	43 000 000	79	Berlin.	1 000 000
	SUISSE.	40 900	2 900 000	66	Berne.	36 000
	FRANCE	528 000	37 000 000	70	Paris.	2 000 000
	PÉNINSULE HISPAN. ESPAGNE PORTUGAL	500 000 93 000	16 600 000 4 500 000	36 48	Madrid. Lisbonne.	375 000 260 000
Sur le versant méditerranéen.	ITALIE.	296 000	28 000 000	91	Rome.	250 000
	TURQUIE D'EUROPE, avec la Bosnie et la Roumélie orientale	270 000	6 000 000	22	Constantin.	600 000
	ROUMANIE.	153 800	5 000 000	42	Bucarest.	220 000
	SERBIE.	43 500	1 500 000	30	Belgrade.	30 000
	BULGARIE.	100 000	2 000 000	30	Sophia.	20 000
	GRÈCE.	65 000	2 000 000	30	Athènes.	50 000

BASSIN DE LA MÉDITERRANÉE

La Méditerranée, que les Romains appelaient *mer Intérieure* (*Internum Mare*) et *Nôtre mer* (*Nostrum Mare*), fut le berceau de la civilisation ancienne; sur ses bords se sont groupées les nations qui ont été les institutrices de l'Europe actuelle; il est donc important de bien connaître les pays baignés par cette mer. Nous avons déjà décrit, dans le présent volume, la Grèce, l'Italie, l'Espagne et leurs îles; nous avons fait connaître les côtes méditerranéennes de la France dans la Géographie de la classe précédente. Il nous reste à parler des contrées qui, en Asie et en Afrique, avoisinent ce bassin si heureusement situé au milieu de l'Ancien Monde.

ASIE SUR LA MÉDITERRANÉE

Deux pays d'Asie touchent la Méditerranée : l'*Asie Mineure* et la *Syrie*, qui, avec l'Arménie, la Mésopotamie, l'Assyrie et la Babylonie, composent la Turquie d'Asie.

L'Asie Mineure est une belle presqu'île qui s'étend de l'O. à l'E., dans l'occident de l'Asie, à la situation moyenne du 39º degré de latitude N., entre la Méditerranée, l'Archipel (mer Égée), la mer de Marmara (Propontide) et la mer Noire (Pont Euxin).

La côte occidentale en est découpée par de nombreux et beaux golfes. Le mont *Taurus* et l'*Anti-Taurus*, avec son haut sommet, le mont *Argée*, la couvrent au milieu ; le mont *Olympe* de Bithynie, le mont *Olympe* de Paphlagonie et le mont *Ida* s'y montrent au N. O. Le plus grand fleuve qui la parcourt est le *Kizil-Ermak* (*Halys*), tributaire de la mer Noire. Le *Sarabat* (*Hermus*) et le *Meïnder* (*Méandre*) vont à l'O. se jeter dans l'Archipel. L'*Euphrate* coule sur la limite orientale.

Les ruines curieuses dont cette région est parsemée témoignent de son ancienne splendeur. Là fleurirent autrefois les villes de *Troie*, *Pergame* (qu'il ne faut pas confondre avec la citadelle de Pergame à Troie), *Éphèse*, *Sardes*, *Smyrne*, *Milet*, *Halicarnasse*, *Prusa*, *Nicée*, *Nicomédie*, *Sinope*, *Césa-*

rée de *l'Argée*, *Tarse*, sur le Cydnus, etc., ainsi que les pays de *Mysie*, *Lydie*, *Carie* (où les Grecs avaient fondé les colonies de *l'Eolide*, de *l'Ionie* et de la *Doride*), et ceux de *Bithynie*, *Paphlagonie*, *Pont*, *Phrygie*, *Galatie*, *Cappadoce*, *Lycie*, *Pamphylie*, *Cilicie*.

Aujourd'hui, les pays principaux de l'Asie Mineure sont *l'Anatolie*, la *Caramanie*, le *Roum*, le gouvernement de *Trébizonde*. Quelques-unes des villes actuelles ont conservé leurs anciens noms : comme *Smyrne*, port très animé, avec 150000 h., sur l'Archipel, et *Sinope*, qui est toujours un des ports importants de la mer Noire. — *Trébizonde* est un autre port de la même mer. — *Brousse* répond à l'antique Prusa. — *Scutari*, en face de Constantinople, peut être considérée comme un faubourg de la capitale de la Turquie. — *Manissa* (anc. *Magnésie du Sipyle*), *Kutahieh*, *Afioum-Karahissar*, fameuse par son opium, et *Angora* (l'anc. *Ancyre*), célèbre par ses chats à long poil, par ses camelots de poil de chèvre et par la victoire de Tamerlan sur les Turcs en 1401, sont des villes de 60000 âmes, dans l'ouest de l'Asie Mineure.

Dans le centre, on voit *Konieh* (anc. *Iconium*), qui fut le berceau de l'empire Ottoman ; — à l'E., *Kaisarieh* (anc. *Césarée de l'Argée*).

De nombreuses îles avoisinent l'Asie Mineure, et presque toutes ont une grande célébrité historique. La principale est *Chypre* (anc. *Cypre*), qui se trouve au S. de la presqu'île, dans la partie la plus orientale de la Méditerranée; elle a pour plus haut sommet un autre mont Olympe; autrefois vantée pour sa fertilité et sa beauté, elle n'offre aujourd'hui qu'un aspect assez misérable. Le chef-lieu est *Nicosie*, au N. On remarque aussi les ports de *Larnaca* et de *Famagouste*. Les Anglais occupent cette île en vertu d'un traité conclu, en 1878, avec la Turquie.

Sur la côte occidentale de l'Asie Mineure, on remarque l'île de *Ténédos*, celle de *Métélin* (anc. *Lesbos*), celle de *Khio*, célèbre par son beau climat, ses vins, ses aspects riants; *Samos*, qui forme une principauté tributaire de la Porte; enfin les *Sporades*, dont le nom signifie *dispersées* et parmi lesquelles se distinguent *Nicaria* (anc. *Icaria*), *Patmos*, *Cos*, *Rhodes*, île belle et fertile, retraite fameuse, au moyen-âge, des chevaliers de Saint-Jean-de-Jérusalem, qui s'illustrèrent par leur résistance aux empereurs ottomans.

La **Syrie**, située sur la côte orientale de la Méditerranée, comprend non-seulement la *Syrie* des anciens, mais aussi la *Phénicie* et la *Palestine*. Elle s'étend sous la forme d'un grand triangle entre la mer, l'Euphrate et les déserts de l'Arabie. Le mont *Liban* et l'*Anti-Liban* s'élèvent du N. au S. dans sa partie moyenne. Au S., on voit le mont *Carmel*, au bord de la Méditerranée, et le mont *Thabor*, dans l'intérieur. Le fleuve *Oronte* ou *Aasi* la parcourt au N.; le *Jourdain* l'arrose au S., en formant le beau lac de *Tabarieh* (anc. mer de *Tibériade* ou de *Galilée*), et se jette dans la mer *Morte* ou lac *Asphaltite*, qui s'allonge du nord au sud, au fond d'une remarquable dépression, où son niveau est abaissé de 400 mètres au-dessous des mers voisines. Ce lac extraordinaire a une eau beaucoup plus salée et plus pesante que celle de la Méditerranée; il ne nourrit aucun poisson et présente un aspect triste.

Dans la **Syrie** des Anciens, il y avait les grandes villes suivantes : *Antioche*, première capitale du royaume des Séleucides; — *Héliopolis*, connu par un magnifique temple du Soleil, — *Damas*, siège de l'un des plus anciens royaumes; — *Palmyre* ou *Tadmor*, située dans une fertile oasis, et qui fut aussi la capitale d'un royaume, le siège d'un grand commerce, et remarquable par ses beaux monuments.

La **Phénicie**, limitée à l'E. par le Liban, ne put pas s'étendre de ce côté, mais l'intelligence et l'activité des habitants de ce petit pays se portèrent sur la mer, et de nombreuses colonies phéniciennes se répandirent sur les côtes de la Méditerranée, en Europe et en Afrique. La côte phénicienne avait les ports de *Tyr*, de *Sidon*, de *Béryte*.

La **Palestine**, qu'on appelle aussi *Terre de Canaan*, *Terre promise*, *Terre Sainte*, *Terre d'Israël* et *Judée*, fut d'abord partagée entre les 12 *tribus d'Israël*, puis en deux royaumes, ceux de *Juda* et d'*Israël;* enfin, sous les Romains, en 4 provinces : celles de *Judée* proprement dite, *Samarie*, *Galilée* et *Pérée* (avec la *Décapole* et la *Batanée*).

La Judée proprement dite comprenait les anciennes tribus

de *Benjamin*, de *Juda*, de *Dan*, de *Siméon* et le pays des *Philistins*; — la Samarie, les tribus d'*Éphraïm* et de *Manassé occidentale*; — la Galilée, les tribus d'*Issakhar*, de *Zabulon*, d'*Azer* et de *Nephthali*; — la Pérée et les autres pays à l'E. du Jourdain renfermaient les tribus de *Ruben*, de *Gad* et de *Manassé orientale*.

Les villes principales étaient : dans la Judée propre, *Jérusalem*, si célèbre par ses souvenirs religieux; *Bethléhem*, lieu de naissance de Jésus-Christ; *Jéricho; Gaza*, capitale des Philistins; *Joppé*, port important; — dans la Samarie, *Samarie*, *Sichem* ou *Neapolis* et *Césarée de Palestine*, ville maritime; — dans la Galilée, *Tibériade*, *Nazareth*, et le port fameux d'*Aco* ou *Ptolémaïs*; — dans les régions à l'E. du Jourdain, *Gerasa*, *Rabbath-Ammon*.

La Syrie actuelle n'est plus productive et belle comme autrefois. Il n'y a plus de riches cultures; presque partout s'offre l'image de la désolation et de l'abandon. Des villes jadis florissantes sont en ruines. Celle qui a le plus conservé son importance est *Damas*, située dans un canton délicieux et peuplée de 200 000 h. — *Alep* (ou plutôt *Haleb*), au N., a 80 000 âmes. — *Jérusalem*, au S., en a 30 000. — *Naplous* (anc. Sichem ou Neapolis) est encore assez considérable.

Antakieh, l'ancienne Antioche, n'est plus qu'une ville médiocre; *Baalbek* (l'ancienne *Héliopolis*), *Tadmor* (*Palmyre*), n'offrent que des ruines. Mais la côte a encore des ports très importants : *Tripoli*, *Beyrout* (l'ancienne *Béryte*; *Saïda* (l'ancienne *Sidon*); *Acre* ou *Saint-Jean-d'Acre* (anc. *Ptolémaïs*); *Jaffa* (anc. *Joppé*). — *Sour*, qui remplace *Tyr*, n'est qu'un lieu abandonné.

AFRIQUE SUR LA MÉDITERRANÉE

On passe de la Syrie en Afrique par l'*isthme de Suez*, coupé par un canal qui va de la mer Rouge à la Méditerranée, et qui est dû au génie et à la persévérance d'un Français, Ferdinand de Lesseps; ce canal fut ouvert au commerce en 1869; il permet à l'Europe occidentale de communiquer rapidement avec les côtes méridionales et orientales de l'Asie, avec les côtes orientales de l'Afrique et avec l'Océanie.

En franchissant ce canal, on entre dans l'**Égypte**, la contrée la plus anciennement civilisée de l'Afrique : la Méditerranée la baigne au N., la mer Rouge à l'E.; elle s'arrête au S. au tropique du Cancer. Le Nil la parcourt du S. au N. et s'y jette dans la Méditerranée par beaucoup d'embouchures, dont deux principales, entre lesquelles se trouve le célèbre *Delta*. Gonflé par les pluies qui tombent dans la zone torride, mais non en Égypte, il déborde chaque année, au solstice de juin, et féconde le pays par son limon; il se retire en automne, et l'hiver est la plus belle saison de l'année : c'est le temps de la verdure et de la récolte. Le printemps est le moment des fortes chaleurs et des plus graves maladies.

Deux chaînes de hauteurs, les monts *Arabiques*, à l'E., et les monts *Libyques*, à l'O., accompagnent le cours de ce grand fleuve. Toute la vallée qu'elles renferment et tout le Delta sont très fertiles. Le reste de l'Égypte ne se compose que de déserts, excepté quelques oasis, dont les plus importantes sont la Grande Oasis et l'oasis de Syouah (anciennement d'Ammon), toutes deux à l'ouest.

Les anciens Égyptiens ont couvert leur pays de monuments gigantesques et de villes florissantes : des pyramides, des obélisques, des temples, des tombeaux, des statues colossales, des sphinx, etc., font l'admiration des voyageurs.

Il y avait dans la **Haute-Égypte**, c'est-à-dire celle du sud, les grandes villes de *Thèbes aux cent Portes*, d'*Abydos*, de la *Grande Apollinopolis*, de *Syène*; — dans la **Moyenne-Égypte**, *Memphis*, la *Grande Hermopolis*, *Antinoé* ou *Crocodilopolis*, près du lac Mœris; — dans la **Basse-Égypte**, *Babylone* (qu'il ne faut pas confondre avec celle d'Asie et dont l'emplacement est près de la ville actuelle du Caire); — *Héliopolis;* — *Tanis*, sur une branche du Nil; — *Héroopolis*, sur le canal de Ptolémée, qui joignait le Nil à la mer Rouge; — *Péluse*, à l'embouchure la plus orientale de toutes les branches du Nil; — *Canope* (aujourd'hui Aboukir), vers la bouche Canopique du fleuve; — *Alexandrie*, ville maritime qui a conservé son nom.

L'Égypte actuelle est gouvernée par un vice-roi qui a le titre de *khédive* et qui, dépendant nominalement de l'empereur de Turquie, est de fait indépendant et étend sa domigation sur une grande partie du nord-est de l'Afrique (la Nubie, le Kordofan, le bassin du haut Nil Blanc, avec celui des lacs Albert et Victoria, le Darfour, une partie de l'Abyssinie); toutes ses possessions renferment environ quinze millions d'habitants.

La capitale est *le Caire*, en arabe *El Kahira*, dans la **Basse-Égypte**, sur la rive droite du Nil, ville de 350 000 habitants. — Les autres villes importantes de la Basse-Égypte sont *Tanta* (60 000 habitants), dans le Delta; — *Mansoura* ou *la Massoure*, connue par la bataille de 1250, où saint Louis fut fait prisonnier. — *Suez* ou plutôt *Soueys*, au fond du golfe du même nom formé par la mer Rouge, et à l'extrémité sud du canal maritime qui coupe l'isthme; — *Port-Saïd*, à l'extrémité N. de ce canal, sur la Méditerranée; — *Damiette* (30 000 habitants) vers l'embouchure de la principale branche orientale du Nil; — *Rosette*, vers l'embouchure de la principale branche occidentale; — *Alexandrie* (220 000 habitants), qui est la reine maritime de la Méditerranée orientale. — Il faut remarquer aussi, dans la Basse-Égypte, la bourgade d'*Aboukir*, célèbre par deux batailles, l'une en 1798, où la flotte française fut détruite par les Anglais, l'autre en 1799, où les Français vainquirent les Turcs.

Dans la **Moyenne-Égypte**, on remarque *Gizeh*, près des pyramides; — *Médinet-el-Fayoum*, dans un canton délicieux qu'on a surnommé le *Jardin de l'Égypte*; — *Minieh*.

Dans la **Haute-Égypte**, *Syout*, *Denderah* (anc. *Tentyra*), fameuse par ses magnifiques ruines, surtout son grand temple; — *Karnak* et *Louqsor*, qui correspondent à une partie de Thèbes, et où l'on admire les plus curieux monuments; — *Açouan* (l'anc. *Syène*), sur la frontière méridionale de l'Égypte, près de la première cataracte du Nil.

L'Égypte a déjà 1 500 k. de chem. de fer. Les principaux sont ceux qui unissent Alexandrie au Caire et le Caire à Suez.

A l'ouest de l'Égypte, s'étend, le long de la côte S. de la Méditerranée, la grande contrée qu'on nomme **Barbarie** ou mieux **Berbérie**, à cause des Berbères, qui en sont un des peuples principaux. Deux golfes considérables s'y enfoncent : le golfe de la *Sidre* (autrefois *Grande Syrte*) et le golfe de *Gabès* (autrefois *Petite Syrte*). Les caps les plus avancés au nord sont le cap *Bon* et le cap *Blanc de Bizerte*; à l'extrémité N. O., sont le promontoire de *Ceuta* et le cap *Spartel*, sur le détroit de *Gibraltar*, en face de l'Espagne. Le Sahara borde au S. la Barbarie, et une partie de ce désert est même comprise dans la région barbaresque.

Le mont *Atlas* couvre de l'O. à l'E. la partie occidentale, et envoie de nombreux rameaux, dont un des plus élevés est le *Jurjura*. Les fleuves les plus considérables qui en descendent et se jettent dans la Méditerranée sont la *Medjerda* (l'anc. *Bagradas*), le *Chélif*, la *Malouia*. Le *Draha*, à l'O., se rend dans l'Atlantique. — L'*Ouad-Djeddi*, qui coule au S., se perd dans les sables du Sahara.

Une succession de lacs, dont le principal est le *Melghigh*, s'étend de l'O. à l'E., au S. de l'Atlas, à l'O. du golfe de Gabès, dans une dépression assez profondément enfoncée au-dessous de la Méditerranée; on a conçu le projet de faire entrer les eaux de la mer dans cet espace et d'y produire une sorte de grand golfe.

La Barbarie est partagée en quatre grandes divisions, qui sont, en commençant par l'est: la *régence de Tripoli*, la *Tunisie*, l'*Algérie* et l'*empire de Maroc*.

La **régence de Tripoli** dépend nominalement de l'empereur de Turquie. Elle comprend un assez vaste espace, mais a peu d'habitants (800 000). Le désert de *Barcah* en forme la partie la plus orientale; le royaume de *Fezzan*, situé au S. et entouré de déserts, en dépend. On voit à l'O. l'oasis de *Ghadamès*.

La capitale de la régence est *Tripoli* (30 000 habitants), port de mer, résidence du pacha qui gouverne ce pays en reconnaissant la suzeraineté de la Porte. La *Tripolitaine* et la *Libye extérieure* [1], qui comprenait elle-même la *Cyrénaïque* (avec la belle ville de *Cyrène*) et la *Marmarique*, sont les pays anciens qui correspondant à cette régence.

La **régence de Tunis** ou la **Tunisie** s'étend du N. au S., en face de l'Italie et de la Sicile. C'est une grande

---

1. La *Libye intérieure*, beaucoup plus étendue, répond au Sahara, au Soudan et à d'autres parties de l'Afrique moyenne.

partie de l'ancienne *Afrique propre*, qui était le cœur de la puissance carthaginoise ; c'est là que s'élevait l'illustre *Carthage*, une des plus brillantes villes maritimes de l'antiquité : des ruines curieuses attestent encore son antique splendeur. — *Utique*, *Zama*, fameuses aussi dans l'histoire ancienne, se trouvaient également dans ce pays.

Aujourd'hui on remarque la grande ville de *Tunis* (120 000 habitants), capitale de la régence, résidence du bey qui la gouverne sous la suzeraineté du sultan de Turquie ; elle est sur un lac qui communique avec le golfe de Tunis (ancien golfe de Carthage) par le détroit de la Goulette.

La seconde ville est *Kairouân* (60 000 habitants), considérée par les musulmans comme une ville sainte.

L'île de *Zerbi* (anciennement île des *Lotophages*) dépend de la Tunisie.

Cet état a 2 millions d'habitants.

L'*Algérie*, qui s'offre ensuite, est une possession française, dont la conquête fut commencée en 1830, sous Charles X, puis continuée sous Louis-Philippe et sous Napoléon III. Elle occupe une longue étendue de côte sur la Méditerranée, en face de la France, et s'étend de l'O. à l'E. l'espace de 900 kilomètres, par une latitude moyenne de 35° N. Elle a environ 800 kilomètres du N. au S.; mais sa frontière au S., du côté de Sahara, n'a rien de fixe. Sa population est à peu près 3 millions d'habitants, dont 160 000 Français.

Le mont *Atlas* la parcourt de l'O. à l'E. et y offre pour principaux sommets l'*Aourès* et l'*Amour*, d'environ 2 000 mètres d'altitude ; le *Jurjura*, qui en est un rameau, s'avance au N. vers la mer. La *Medjerda*, la *Seibouse* et l'*Ouad-el-Kebir* (appelée d'abord *Rummel*), le *Chélif*, la *Macta*, la *Tafna*, sont les principaux cours d'eau que l'Algérie envoie à la Méditerranée. L'*Ouad-Djedi* est le plus important de ceux qui vont au S. se perdre dans le Sahara. Un assez grand nombre de lacs temporaires, désignés par le terme commun de *chott* et de *sebkha*, sont répandus à travers plusieurs parties du pays : au milieu, on remarque celui de *Hodna* ou *Saida*; au S., le *Melghigh*, qui est dans une dépression abaissée de 25 à 30 mètres au-dessous de la Méditerranée et où l'on a le projet, comme nous avons dit, d'introduire les eaux de cette mer.

L'Algérie offre trois aspects principaux, qui la font diviser en trois grandes régions : 1° au N., le *Tell*, région maritime, fertile et cultivée, surtout en céréales (blé, orge, maïs, riz) ; — 2° au milieu, les *plateaux* renfermés entre deux massifs de l'Atlas et riches en pâturages ; il s'y trouve aussi beaucoup d'alfa, espèce de sparte propre à faire des tissus et du papier ; — 3° au S., le *Sahara algérien*, désert sablonneux, parsemé d'oasis où abondent d'excellents fruits, surtout les dattes ; on y a fait un assez grand nombre de puits artésiens, qui ont augmenté considérablement les produits du pays. Les grenades, les oranges, les pêches, les abricots, les figues, les amandes, les olives, les raisins, la canne à sucre, le coton, la soie, le jujubier, de belles forêts composées de thuyas, d'ifs, de térébinthes, de lentisques, de cyprès, de sumacs, de chênes (chênes ordinaires, chênes-lièges, chênes au gland doux), etc., sont parmi les richesses de l'Algérie. On y a introduit récemment l'eucalyptus, bel arbre venu de l'Australie. On y élève une grande quantité de chameaux, de bœufs, de moutons et de chevaux.

L'Algérie forme un gouvernement général, divisé en 3 provinces, qui, pour les parties administrées civilement, forment autant de départements. On distingue donc un département d'*Alger*, au milieu, un département de *Constantine*, à l'E., et un département d'*Oran*, à l'O.

Dans le département d'**Alger**, on voit les villes suivantes : *Alger*, capitale du gouvernement général, belle ville maritime, de 60000 hab. ; — *Blidah*, dans une position délicieuse ; — *Dellys*, port de mer, sur la côte de la *Kabylie*, ainsi appelée des Kabyles, ses habitants, qui sont une des principales popul. berbères ; — *Milianah*, *Orléansville*, dans l'intérieur.

Dans le département de **Constantine**, on remarque : *Constantine* (anc. *Cirta*), sur le Rummel, avec 40000 hab. ; — *Bône* (anc. *Hippone Royal*), avec un beau port, à l'embouchure de la Seibouse ; — *Philippeville* et *Bougie*, autres ports de mer.

Dans le département d'**Oran** : *Oran* (50000 hab.), importante place maritime ; — *Mostaganem*, autre ville maritime ; — *Tlemcen* et *Sidi-bel-Abbès*, dans l'intérieur.

Il y a dans l'Algérie 700 k. de chem. de fer, dont les principaux sont ceux d'Alger à Oran et de Philippeville à Constantine.

L'Algérie correspond à l'ancienne *Numidie*, dont les villes principales étaient *Cirta* (Constantine) et *Hippone royal* ou *Hippo Regius* (Bône); elle correspond aussi à une grande partie de l'ancienne *Mauritanie orientale* ou *Césarienne*, qui renfermait *Césarée* ou *Iol* (Cherchell), *Icosium* (*Alger*), *Sitifis* (*Sétif*).

L'empire de **Maroc**, placé à l'extrémité N. O. de l'Afrique, en face de l'Espagne, baigné à la fois par la Méditerranée, le détroit de Gibraltar et l'Atlantique, et couvert par le mont Atlas, est un pays admirablement placé et d'une extrême fertilité, mais mal cultivé et pauvre. Aussi grand que la France, il ne renferme que 5 à 6 millions d'habitants. Il a deux capitales : *Maroc* (50000 hab.), en partie ruinée, et *Fez* (150000 hab.), la plus florissante ville de l'empire. — *Méquinez* est la résidence ordinaire de l'empereur ou sultan. — *Tanger*, *Mogador*, sont des ports sur l'Atlantique. — Dans l'intérieur, on distingue l'oasis populeuse de *Tafilelt*, dont les habitants excellent dans la préparation des maroquins.

Les Espagnols ont, sur la côte N. du Maroc, *Ceuta* (anc. *Abyla*), port et ville forte, en face de Gibraltar; ils y ont de plus quelques autres places maritimes moins importantes.

Le Maroc correspond à la partie occidentale de l'ancienne *Mauritanie*, c'est-à-dire à la *Mauritanie Tingitane*, qui avait pour villes principales *Tingis* (*Tanger*) et *Abyla* (*Ceuta*).

Les habitants sont, comme ceux des autres parties de la Barbarie, presque tous de la religion musulmane.

Les Barbaresques appartiennent à deux souches principales : 1° les *Berbères*, les plus anciens habitants de cette contrée, généralement cultivateurs ou livrés à divers travaux d'industrie; 2° les *Arabes*, venus de l'Asie en conquérants depuis l'établissement du mahométisme, et dont les uns sont cultivateurs, les autres, en plus grand nombre, nomades ou Bédouins, c'est-à-dire pasteurs.

On nomme *Maures* un certain nombre des habitants des villes et des plaines cultivées, qui sont ou de simples Arabes ou un mélange d'Arabes, de Kabyles et de populations venues anciennement d'Europe.

PARIS. — IMPRIMERIE ÉMILE MARTINET, RUE MIGNON, 2

COURS COMPLET D'HISTOIRE ET DE GÉOGRAPHIE

Contenant les matières indiquées par les programmes officiels de 1880

A L'USAGE DES LYCÉES ET DES COLLÉGES

CLASSE PRÉPARATOIRE

GALERIE DES HOMMES ILLUSTRÉS, par Mme Kergomard, inspectrice générale des salles d'asile, 1 vol. grand in-18, avec 12 portraits .... 2 »

NOTIONS ÉLÉMENTAIRES DE GÉOGRAPHIE GÉNÉRALE ET NOTIONS SUR LA GÉOGRAPHIE PHYSIQUE DE LA FRANCE, par M. Cortambert. 1 vol. in-16, cartonné. 80
   Atlas correspondant (10 cartes). Grand in-8°, cartonné 1 50

CLASSE DE HUITIÈME

HISTOIRE SOMMAIRE DE LA FRANCE, JUSQU'A L'AVÉNEMENT DE HENRI IV, par M. George Duruy, professeur d'histoire au lycée Saint-Louis. 1 v. in-16, cart. » »
GÉOGRAPHIE ÉLÉMENTAIRE DES CINQ PARTIES DU MONDE, par M. Cortambert. 1 vol. in-16, cartonné .... » 80
   Atlas correspondant (20 cartes). Grand in-8°, cartonné .... 3 »

CLASSE DE SEPTIÈME

HISTOIRE SOMMAIRE DE LA FRANCE DEPUIS L'AVÉNEMENT DE HENRI IV JUSQU'A NOS JOURS, par M. George Duruy. 1 vol. in-16, cartonné .... » »
GÉOGRAPHIE ÉLÉMENTAIRE DE LA FRANCE, par M. Cortambert. 1 v. in-16, cart. 1 20
   Atlas correspondant (16 cartes). Grand in-8°, cartonné 2 50

CLASSE DE SIXIÈME

HISTOIRE ANCIENNE DES PEUPLES DE L'ORIENT, par M. V. Duruy. 1 v. in-16, cart. 3 »
GÉOGRAPHIE GÉNÉRALE DE L'EUROPE ET DU BASSIN DE LA MÉDITERRANÉE, par M. E. Cortambert. 1 vol. in-16, cartonné 1 50
   Atlas correspondant (26 cartes). Grand in-8°, cartonné 3 50

CLASSE DE CINQUIÈME

HISTOIRE DE LA GRÈCE ANCIENNE, par M. V. Duruy. In-16, cartonné ..... 3 »
GÉOGRAPHIE DE L'AFRIQUE, DE L'ASIE, DE L'AMÉRIQUE ET DE L'OCÉANIE, par M. E. Cortambert. 1 vol. in-16, cartonné 1 50
   Atlas correspondant (19 cartes). Grand in-8°, cartonné .... 3 »

CLASSE DE QUATRIÈME

HISTOIRE ROMAINE, par M. V. Duruy. 1 vol. in-16, cartonné .... 3 »
GÉOGRAPHIE DE LA FRANCE, par M. E. Cortambert. In-16, cartonné 1 50
   Atlas correspondant (27 cartes). Grand in-8°, cartonné 3 50

CLASSE DE TROISIÈME

HISTOIRE DE L'EUROPE ET PARTICULIÈREMENT DE LA FRANCE, DE 395 A 1270, par M. V. Duruy. 1 vol. in-16, cartonné 3 50
GÉOGRAPHIE PHYSIQUE, POLITIQUE ET ÉCONOMIQUE DE L'EUROPE (moins la France), par M. E. Cortambert. 1 vol. in-16, cartonné .... 2 »
   Atlas correspondant (34 cartes). Grand in-8°, cartonné 4 50

CLASSE DE SECONDE

HISTOIRE DE L'EUROPE ET PARTICULIÈREMENT DE LA FRANCE, DE 1270 A 1610, par M. V. Duruy. 1 vol. in-16, cartonné 3 50
GÉOGRAPHIE PHYSIQUE, POLITIQUE ET ÉCONOMIQUE DE L'ASIE, DE L'AFRIQUE, DE L'AMÉRIQUE ET DE L'OCÉANIE, par M. E. Cortambert. 1 vol. in-16, cart. 3 »
   Atlas correspondant (40 cartes). Grand in-8°, cartonné .... 5 »

CLASSE DE RHÉTORIQUE

HISTOIRE DE L'EUROPE ET PARTICULIÈREMENT DE LA FRANCE, DE 1610 A 1789, par M. V. Duruy. 1 vol. in-16, cartonné 3 50
GÉOGRAPHIE PHYSIQUE, POLITIQUE, ADMINISTRATIVE ET ÉCONOMIQUE DE LA FRANCE ET DE SES POSSESSIONS COLONIALES, par M. E. Cortambert. 1 vol. in-16, cartonné .... 3 »
   Atlas correspondant (43 cartes). Grand in-8°, cartonné .... 5 »

CLASSE DE PHILOSOPHIE

HISTOIRE DE FRANCE ET HISTOIRE CONTEMPORAINE DEPUIS 1789 JUSQU'A LA CONSTITUTION DE 1875, par M. G. Ducoudray. 1 vol. in-16, cartonné .... 5 »

PARIS. — IMPRIMERIE ÉMILE MARTINET, RUE MIGNON, 2

www.ingramcontent.com/pod-product-compliance
Lightning Source LLC
Chambersburg PA
CBHW070522100426
42743CB00010B/1916